全球經濟
紅色警報

危機、政策與全球化的新平衡

解讀雙核衝擊下的危與機，為全球化時代尋求經濟新方向

挑戰貨幣理論框架，構建新經濟模式

剖析通膨、能源危機與政策分化！
全球經濟震盪之際，揭開世界格局變遷的真相
美中貨幣政策對比鮮明，深度探討分化背後邏輯

智本社 著

目 錄

序：追問 　　　　　　　　　　　　　　　　　005

前言 　　　　　　　　　　　　　　　　　　　009

全球經濟大勢：通膨與緊縮的雙重壓力　　　　013

政策取向分析：貨幣與財政應對的分歧　　　　065

實體經濟變革：製造業升級與地方振興　　　　103

策略建議：從風險管理到財稅改革　　　　　　165

理論思考：重新審視貨幣與經濟模式　　　　　221

學術視野：
張五常的改革思路與經濟研究　　　　　　　　261

目錄

序：追問

在這個時代，提出一個好問題比解惑更為珍貴。

2008 年以來，我們經歷了什麼？金融危機、債務危機、政治民粹運動、貿易摩擦及逆向全球化、COVID-19 疫情大流行、史詩級股災、供應鏈危機、生育率斷崖式下降及人口危機、國家衝突及戰爭、能源危機、糧食危機、國際秩序崩壞……世界，正滑入「馬爾薩斯災難」嗎？

每一個大問題都攸關人類的前途和個人的處境。但是，現代人追問能力的退化及網路傳播下資訊的泛濫，讓問題變得複雜與神祕。

金融危機為何爆發，是美國聯準會升息所致還是降息所致？是葛林斯潘（Alan Greenspan）的問題還是聯準會的問題？是聯準會的政策問題還是制度問題？是監督制度問題還是全球央行及法定貨幣制度問題？全球央行及法定貨幣制度問題的本質又是什麼？貨幣理論是否有問題？

顯然，後危機時代，我們並未深刻意識到這些問題，以致金融體系不可挽回地惡化，貨幣淪為「公地悲劇」（Tragedy of the commons）。集體行動如何避免「公地悲劇」？國家組織

序：追問

扮演了進步角色還是成為始作俑者？國家為何陷入「諾斯悖論」？

法國大革命後，民族主權國家成為人類進步的重要力量，國家現代化已是大勢所趨。在全球化時代，民族主權國家與經濟全球化是否會產生矛盾？當下，國家衝突是否與這一矛盾有關？全球化的認知是否有誤？未來，國家組織如何演變？

為何有些國家經濟成長快，有些國家則陷入停滯？為何有些國家的經濟成長快但家庭財富卻成長慢？這種經濟成長模式是否可持續？當貨幣增速長期大於經濟增速時，經濟將走向何方？當經濟增速長期大於家庭收入增速時，經濟又將如何演變？

貧富不均是這個時代不可迴避的問題。貧富差距的原因是什麼？正當性和不正當性在何處？貨幣政策是否加劇了不平等？福利主義是否破壞了公平競爭？

人口危機又是一大社會焦慮。生育率下降的合理因素是什麼？

生育是否是必需品？額外因素是否增加了生育成本？高齡化的問題是養老問題、成長問題還是制度問題？通貨膨脹、公共養老制度是否惡化了養老問題？

困惑，亦是我寫下百萬字且繼續寫作的動力。長期以來，我追問的線索是經濟學的思維，即個人經濟行為。不過，經濟學「埋雷」無數，同樣需要不停地追問。

　　追問不止，筆耕不息。智本社，與思想者同行。

清和

序：追問

前言

　　全球化時代話語下，中國的經濟發展與轉型成為全球經濟的重要組成部分。本書在秩序切換、經濟交替的背景下過渡到中國發展篇章。

　　本書關注中國所面對的全球總體形勢、總體經濟政策、實體經濟轉型更新、深化改革擴大開放等議題。全書共分為六章，包括「全球經濟大勢」、「政策取向分析」、「實體經濟變革」、「策略建議」、「理論思考」和「學術視野」。

　　「全球經濟大勢」主要關注 2022 年全球總體經濟變化。2020 年 COVID-19 疫情爆發，全球主要國家央行實施極度寬鬆政策，引發全球高度通膨。2022 年歐洲地緣政治危機引發的全球能源危機，又火上加油。聯準會被迫實施歷史級別的激烈緊縮政策，全球眾多國家央行跟進。聯準會的緊縮政策推動的美元大漲以及能源危機引發的油價大漲，對全球總體經濟構成「雙核」衝擊，國際金融市場動盪不安，而「雙核」衝擊是判斷 2022 年全球總體經濟走勢的一個重要邏輯。

　　「政策取向分析」主要包括貨幣政策和財政政策。在全球總體經濟大轉向的背景下，本部分回歸中國經濟，關注總體經濟政策的調整。其中：「貨幣：美中貨幣政策差異及其影響」

前言

分析兩國實施不同貨幣政策的原因及其影響：聯準會實施緊縮政策的主要目的是對抗通膨，中國人民銀行實行降息政策旨在穩定經濟大盤。「財政：經濟大省挑大梁穩定經濟大盤」分析中國 2022 年上半年財政收支狀況以及需要解決的問題。

「實體經濟變革」關注中國實體經濟的演變。中國立足於實體經濟，大力發展製造業，為全球市場輸出巨大產能，成為全球製造業大國。但同時，中國實體經濟也面臨一些挑戰。本部分主要關注如何實現製造業技術創新、如何有效投資新基建、如何發展縣域經濟、如何化解房地產泡沫化四大主題。

過去 40 多年，中國累積了豐富的發展經驗，當下，中國經濟發展面臨著新的國內情況和國際環境，需要新思路新方法。「策略建議」關注中概股的下市風波、金融開放和財稅改革。「中概股下市風險的化解辦法」從資料產權確權、離岸管理的角度討論「中概股」集體下市風波。金融開放是中國平衡經濟全球化與內部轉型、平衡外溢性風險與內部穩成長議題中關鍵的一環。財稅改革可以更有效地推進財政政策和降低地方負債率。

「理論思考」聚焦現實經濟問題，探索經濟學理論。本部分包括「貨幣大變局」上、下兩篇，主要關注 2020 年以來全球主要國家的貨幣政策轉向，解析「貨幣政策為何引發通

膨」，思考貨幣及銀行制度、貨幣理論等深層次問題，探索新的貨幣理論及貨幣制度。

「學術視野」介紹了經濟學家張五常。張五常的學術生涯頗為傳奇，他對經濟學的研究觀點獨到、深入淺出。重要的是，張五常從 1980 年代開始就研究中國的改革開放，著述頗豐，影響力大。

最後，期望讀者能夠在本書中獲得知識與樂趣，以經濟學的思維思考工作和生活中的現象與問題。本書如有疏漏之處，還望讀者給予批評指正。

前言

全球經濟大勢：
通膨與緊縮的雙重壓力

　　貨幣寬鬆的代價在緊縮時更加明顯。2022年，通膨伴隨著能源危機迅速襲來，歐美世界爆發了歷史級別的通膨。這迫使聯準會的貨幣政策「急轉彎」，並實施近40年以來最激烈的升息政策。

　　油價大漲和美元大漲為全球金融市場帶來「雙核」衝擊，美債、美股、非美元貨幣紛紛大跌。貨幣狂歡宴中潛伏的「黑天鵝」，能源危機和緊縮政策喚醒的「灰犀牛」，導致全球總體經濟的走向愈加不穩定。

◆ 全球經濟大勢：通膨與緊縮的雙重壓力

這次不一樣，警惕「雙核」衝擊

主要觀點：2022年3月，歐洲地緣政治危機引發全球能源危機，石油、天然氣及大宗商品價格大漲；同時，聯準會開始升息，美元指數上漲，意味著國際金融市場正式進入緊縮週期。

2022年，全球總體經濟遭遇「雙核」衝擊。所謂「雙核」衝擊，即聯準會迫於通膨實施的激烈緊縮政策推動美元快速單邊升值，以及歐洲地緣政治危機引發國際原油（糧食）價格大漲，二者相互增強，對全球金融市場造成了巨大衝擊。

具體表現為：非美元貨幣大跌，全球債市大跌，債務風險高築，股票及房地產價格大跌。能源對外依賴度高、長期維持寬鬆政策的日本，陷入地緣政治危機和能源危機的歐洲，以及斯里蘭卡、土耳其等部分新興國家，受到「雙核」衝擊的影響更為嚴重。

01 日圓之戰

在「雙核」衝擊之下，日圓成為全球開放經濟體中表現最差的貨幣。

2022年4月28日，日本央行表示，將維持基準利率-0.1%不變，同時在工作日以固定利率購買無限量的債

券,以捍衛 10 年期日債收益率 0.25％的目標上限。這意味著日本央行執著於收益率曲線控制的寬鬆政策,將與聯準會可能的加速緊縮政策進一步背離。市場聞風而動,日圓對美元匯率迅速跌破 131,創下了近 20 年來的新低。

日本央行是量化寬鬆的先行者和創造者。1990 年代,日本經濟遭遇兩次金融危機衝擊,日本央行為了拯救經濟,將銀行隔夜拆借利率下調到零,率先進入零利率時代。2001 年,網路泡沫危機再次衝擊日本,日本商業銀行投資的股票資產規模大幅度縮水,資本適足率從 2000 年底的 11.1％下降到 2002 年底的 9.6％。日本央行為了拯救商業銀行,實施量化寬鬆(QE)政策,成為第一個大規模啟用量化寬鬆的央行。此舉衝擊了匯率市場,2002 年 4 月,日圓對美元匯率跌破 130 大關。

2007 年,日本央行嘗試退出量化寬鬆,但第二年又遭遇全球金融危機。此後,全球主要央行進入了超級寬鬆時代。之後,日本央行又探索了雙寬鬆(QEE),採購日經股票指數 ETF,實施負利率(NIRP),率先進入負利率時代。2009 年到 2011 年期間,由於全球各主要央行都實施寬鬆政策,日圓對美元匯率不僅未貶值,反而有所升值,維持在 79～93。

2012 年開始,安倍在其第二任期內推行「安倍經濟學」,即透過貨幣寬鬆政策推動日圓貶值以促進出口成長。安倍此舉旨在為日本政府的財政融資,以緩解人口高齡化帶來鉅額

◆ **全球經濟大勢：通膨與緊縮的雙重壓力**

養老金支出的壓力。日本央行將貨幣政策目標指向收益率曲線控制以降低政府融資成本，這使得日本政府債務規模迅速增加，2019 年，日本政府債務總額達 1,103.35 兆日圓，政府債務占 GDP 比率達 238%，為全球最高。同時，日圓對美元匯率持續下跌，從 2012 年初的 75 持續貶值到 2022 年 4 月末的 131，貶值幅度超過 70%。

如今，日本央行從「最後貸款人」淪為了「最後的買家」。日本央行成為日本政府最大的債權人，公債占總資產的比重已上升到 85% 左右；也成為日本商業銀行和股票市場最大的股東，是約 40% 日本上市公司的前十大股東之一。

2022 年日圓接連「崩潰」，創下至少 50 年最長連跌，日圓對美元匯率年內跌幅接近 13%，僅僅 3 月對美元貶值幅度就達到了 7.9%，成為 G10 貨幣中對美元表現最差的貨幣。

這是兩大因素疊加造成的：一為日本央行的貨幣政策與聯準會的貨幣政策加速背離；二為國際原油價格上漲削弱日圓。

日本央行堅持收益率曲線控制，10 年期公債殖利率只有 0.1%～0.2%；而聯準會採取緊縮政策後，美國 10 年期公債殖利率從 2022 年 1 月初的 1.5% 快速上升到 4 月末的 2.9% 附近。在短短 4 個月內，美日 10 年期公債殖利率利差從 140BP 擴大到 270BP。美日利差與日圓對美元匯率走勢高度相關，是匯率市場重要指標。美日利差的迅速擴大，加劇了資本外

流,使日圓迅速貶值。

而「這次不一樣」的真正因素是世界能源危機。日本是一個能源極度匱乏的國家,其能源對外依賴度高達88%。1970年代兩次世界石油危機均衝擊了日本經濟,引發了通貨膨脹。但是,1979年石油危機引發的能源價格大漲,在1982年被聯準會前主席保羅・沃克(Paul Volcker)主導的強勢美元所「馴服」。聯準會高度緊縮,美元大幅度升值,石油及大宗商品價格迅速回落。在這場美元與石油的「價值大戰」中,日本乘上美元之舟成為了勝利的一方,而原本依賴於資源出口的墨西哥、巴西等拉丁美洲國家成為了失敗者。

不過,這一次情況或許不同。歐洲地緣政治危機引發了世界能源危機。聯準會在2022年上半年連續兩次升息,但國際原油價格「無動於衷」,截止到5月5日,WTI西德州原油價格依然維持在107美元/桶。假如戰爭及制裁持續,聯準會加速緊縮,卻仍無法「馴服」能源價格,那麼全球貨幣市場都將面臨一次嚴峻的考驗。當美元這艘「諾亞方舟」變成「獨木舟」時,日本、歐洲將面對來自國際能源價格的衝擊。這時,資本市場一邊追逐美元,一邊追逐石油,各國將拋售更多的本幣。

糟糕的是,石油價格上漲與美元升值可能相互增強,聯合衝擊那些資產泡沫大、負債率高且能源對外依賴度極高的國家。

◆ 全球經濟大勢：通膨與緊縮的雙重壓力

　　結果是，聯準會緊縮，日本央行寬鬆，日圓對美元匯率持續下跌；加上石油價格上漲，日本需要兌換更多的美元來進口石油；而兌換更多美元，又加速日圓對美元匯率持續下跌，進一步削減日圓的對外購買力；日本不得不拋售更多日圓，去追逐美元和石油……5月4日，日本經濟產業大臣萩生田光一在記者會上表示，日本資源有限，很難立即跟上歐盟步伐，不會禁止從俄羅斯進口石油。[01] 另外，歐洲地緣政治危機和能源價格上漲，推動了全球糧食價格上漲。俄烏兩國的小麥出口總量占全球小麥出口總量的29%，玉米出口總量占全球的19%，葵花籽油出口總量占全球的80%。這些重要的糧食生產及出口，均遭受戰爭和制裁的打擊。同時，石油及天然氣價格上漲導致運輸價格和化肥價格上漲，進一步推升了全球糧食價格。

　　國際能源危機又引發了糧食危機。實際上，歐洲地緣政治危機爆發後的第二個月，小麥價格較去年同期上漲了36%。世界銀行2022年4月的《大宗商品市場展望》報告預測，2022年小麥價格將上漲40%以上，名義價格達到歷史最高水準。而且，預計到2024年底，全球糧食價格仍維持在高水位。[02]

---

[01]　王珊寧。日本政府稱不會禁止進口俄羅斯石油：日本資源有限 [EB/OL]。環球網，2022-05-05。https://world.huanqiu.com/article/47srUSBpknJ。
[02]　世界銀行。烏克蘭戰爭引發的食品和能源價格衝擊可能延續數年 [EB/OL]。世界銀行官網，2022-04-26。https://www.shihang.org/zh/news/pressrelease/2022/04/26/food-and-energy-price-shocks-from-ukraine-war。

這對糧食自給率不足的國家，尤其是依賴俄羅斯和烏克蘭糧食的國家來說，是一種巨大的威脅。日本的糧食自給率僅有37%，所以不得不支付更多的美元擴大糧食進口，以應對危機。比如，日本經典食物蕎麥麵，其原料蕎麥依賴於從俄羅斯進口，目前因戰爭因素價格上漲。

　　短期來說，進出口貿易與匯率相互影響，但長期來看，進出口貿易影響匯率走勢。1981年到2010年，日本對外維持長期順差，美元兌日圓從1982年11月的277升值到了2011年11月的75。但是2011年到2021年只有三年是順差，且部分年分逆差較大，這十年，日圓也走入下降趨勢。國際能源、糧食及大宗商品的進口價格上漲，將加大日本對外逆差，進一步削減日圓的對外購買力，更加猛烈地衝擊日圓匯率。同時，進口價格上漲提高了國內物價水準，物價上升又進一步惡化了日圓匯率。

02 歐元之困

　　除日圓外，貶值幅度較大的是歐洲貨幣。2022年3月1日至4月29日，英鎊貶值6.5%，歐元貶值5.8%，丹麥克朗貶值5.9%，瑞士法郎貶值5.4%，挪威克朗貶值5.1%。

　　與日圓類似，歐洲貨幣同樣遭遇「雙核」衝擊，只是側重點有所不同。歐洲貨幣的挑戰更多地來自地緣政治危機，而非歐洲央行的主動操作。歐洲地緣政治危機引發了歐洲能源

危機,進而演變為「能源戰爭」。

歐元是第二大「世界貨幣」,國際儲備市場占比約20%,國際支付占比約35%。歐元是唯一能夠影響美元指數走勢的貨幣,但在這輪匯率大跌中,歐元的跌幅是靠前的。過去十多年,歐洲央行的操作要比聯準會更加謹慎與克制。不過,在克莉絲蒂娜・拉加德(Christine Lagarde)擔任行長後歐洲央行表現得過於「鴿派」。2021年第四季度,聯準會開始退出寬鬆,歐洲央行的操作與日本央行更為接近,計劃繼續維持寬鬆到2022年底。這將導致歐元貶值。2021年,歐元對美元貶值6.9%,下半年跌勢明顯。

但是,給歐元及歐洲貨幣帶來嚴重衝擊的還是歐洲地緣政治危機。英格蘭銀行的升息操作要比聯準會還早一些,但英鎊的貶值幅度大於歐元。下面我們重點關注戰爭及其引發的能源危機對歐洲貨幣帶來的挑戰。

這場「二戰」以來歐洲最大的地緣政治危機無疑驅使國際資金更多地流向美國市場。更重要的是,歐洲是一個資源貧乏地區,煤炭、石油、天然氣高度依賴從俄羅斯進口。歐洲天然氣的進口比例為90%,石油為97%。其中,從俄羅斯進口天然氣占歐盟進口天然氣的45%,從挪威進口的占23%,從美國進口的占6%,從卡達進口的占5%;從俄羅斯進口原油占歐盟進口原油的27%,從挪威進口的占8%,從哈薩克進口的占8%,從美國進口的占8%。

戰爭爆發後，美國、英國、法國、德國相繼宣布將逐步停止進口俄羅斯石油。2022 年 3 月 7 日，荷蘭 TTF 天然氣價格近月期貨創下 345 歐元／兆瓦時的歷史最高價。不過，歐洲擺脫俄羅斯能源依賴的態度堅決。第二天，歐盟委員會釋出了「REPowerEU」計畫，計畫內容涵蓋節能、促進再生能源發展等面向，宣布實施歐洲能源獨立策略，在 2030 年前擺脫對俄羅斯的能源進口依賴。

歐洲的主要麻煩在於天然氣。2021 年歐洲從俄羅斯進口的管道天然氣和液化天然氣（LNG）合計達到 1,400 億立方公尺。因此，歐洲的難題是如何找到規模如此巨大的替代氣源。

第一是來自美國的液化天然氣（LNG）。2022 年 3 月 25 日，美國與歐盟達成了一項有關保證能源安全的協議。根據協議，2022 年美國向歐洲追加供應 150 億立方公尺天然氣，將在 2027 年前幫助歐洲擺脫對俄羅斯的能源依賴。這一規模相當於替代了俄羅斯天然氣出口的 10%。

第二是增加挪威、荷蘭、英國、亞塞拜然、阿爾及利亞、卡達和澳洲的天然氣進口量。

目前，歐洲的天然氣產能已經恢復到疫情前的水準，但增量空間有限。北非的天然氣供應增幅也有限，大致為 5%。所以歐洲主要依靠卡達和澳洲，澳洲政府承諾今年內滿足歐洲至少 20% 的天然氣需求。

◆ 全球經濟大勢：通膨與緊縮的雙重壓力

歐洲預計 2023 年將俄羅斯天然氣進口量減少 2/3，相當於減少 1,000 億立方公尺。短期內，以上兩條管道都無法彌補這一巨大的缺口：一是產能問題，美國一年的 LNG 才 1,000 多億立方公尺；二是成本問題，LNG 的船舶運輸成本遠大於管道，全球也沒有足夠的 LNG 運輸船來承接如此龐大的運輸需求。

根據布魯塞爾歐洲暨全球經濟研究所（Bruegel）測算，假設俄羅斯天然氣供應量減半且進口其他替代氣源的成本增加 50%，那麼歐洲 2022 年將為此付出 250 億歐元的額外成本，天然氣進口總額將達到 3,700 億歐元，為 2019 年的 6 倍，將管道天然氣轉變為 LNG 等減少對俄羅斯能源依賴的短期成本可能達到 1,000 億歐元。

所以，歐洲能源獨立只能改變能源消費結構、尋求更多的其他能源替代品，可能有以下幾種替代方案：

一是石油替代方案。

全球石油儲量豐富，價格比天然氣更低，可替代性強，歐洲可以向美國、中東增加進口。頁岩氣革命爆發後，美國從石油進口國轉變為出口國。如今，美國聯邦政府正在敦促石油商增產。2022 年 12 月，美國原油產量預計比 2 月增加逾 100 萬桶／天，增產規模相當於俄羅斯原油出口的 20%。另外，加拿大也宣布增加 5% 的石油出口，以滿足歐盟的石油需求。

除了北美外，中東是歐洲石油供應的重要基地，沙烏地阿拉伯、卡達、阿聯酋的增產規模能夠替代俄羅斯原油出口的40%，甚至更多。但石油輸出國組織（OPEC）的態度很關鍵，該組織曾多次拒絕美國的增產請求，其中沙烏地阿拉伯的態度較為強硬。

另外兩大產油國伊朗和委內瑞拉，正藉助這次機會與美國加強談判，有望擺脫部分制裁加入全球石油供應行列。委內瑞拉的石油儲備量位居世界第一，已探勘的儲備量近3,900億桶。目前，美國正在與委內瑞拉協商石油貿易問題。美國因石油緊缺重啟了與伊朗的核協議談判，該協議一旦達成，伊朗可能開足馬力出口石油。

歐洲計劃完全擺脫對俄羅斯石油的依賴，如果天然氣由石油替代，可能需要石油輸出國組織、委內瑞拉和伊朗的三大石油供應基地同時供應。但如今這三方態度均充滿著不確定性。

二是可再生能源替代方案。

可再生能源一直是歐洲能源發展的方向。在這場能源危機中，可再生能源沒能扛起大任，但這個方向不會被否定，甚至會得到強化。歐盟預計，風電和太陽能光電發電量到2025年將翻倍，2030年達到目前的3倍，風能增加到480GW時，太陽能增加到420GW時，以替代1,700億立方公尺的天然氣需求。同時，加速可再生天然氣的開發，預

計到 2030 年，生質天然氣產量每年能夠增加到 350 億立方公尺。

根據瓦錫蘭集團（Wärtsilä）的一份新報告，如果將歐洲可再生能源的開發量增加一倍，達到每年 80GW，至 2030 年可再生能源發電比重將達到 61%，可以使天然氣消費比重下降一半，同時節省 3,230 億歐元的能源成本。

除此之外，歐洲還可能透過其他方式解決能源緊缺問題。歐盟計劃提高能源利用效率，安裝 3,000 萬臺新的高效熱泵，減少 350 億立方公尺天然氣使用量。預計美國和歐洲將 d 擴大可再生能源和能源效率改進方面的財政補貼，從而加速能源轉型。不過，可再生能源和能源效率改進高度依賴於技術革新，這無疑充滿著不確定性。

三是核能替代方案。

此前，核能是緩解歐洲能源緊張的重要能源。在福島核電站洩漏前，核電占德國電力供應量的四分之一。但該事件發生之後，德國及歐洲陸續關閉了核電站。如今，歐洲可能重啟核電站，在增加核電供應的同時保持核技術方面的領先優勢。此前極力反對核電的德國綠黨也表示可以重啟核電站，以擺脫對俄羅斯能源的依賴。

對歐洲來說，最大的難題不是長期的能源轉型，而是眼前的能源短缺。透過上面分析，不論是增產方案還是替代方

案，短期內都無法彌補不進口俄油俄氣形成的缺口。且歐盟需要為 2022 年冬天做準備，提前儲備天然氣和石油。這場戰爭的未來不可知，但歐洲擺脫俄羅斯能源的趨勢不會變。目前，歐洲企業電力購買協議（PPA）價格較 2021 年下半年出現較大幅度上漲。其中，英國上漲了 7.6%，丹麥上漲了 16.7%；太陽能光電電整體上漲了 5.7%，風電整體上漲了 9.4%。

同樣，歐洲也面臨糧食價格上漲的挑戰。烏克蘭是歐洲的「糧倉」，但這場戰爭嚴重地打擊了烏克蘭的糧食供應。同時，烏克蘭也禁止了小麥、燕麥等農產品的出口。

歐元面對的真正挑戰是如何維持無俄油氣情況下的貨幣信用。

其實，歐洲 2022 年第一季度的經濟成長速度並不低。以歐元計價，歐盟的實際年增率為 5.2%，歐元區為 5%。其中，法國為 5.3%，德國為 4%。但是，如果換算成美元，由於歐元對美元貶值，法國第一季度的 GDP 較去年同期下降了 60 億美元，德國只增加了 33 億美元。

可見，整個歐洲都面臨資產重新定價的風險。歐洲央行不得不跟進緊縮政策，以減緩歐元貶值的步伐，最大限度地避免受到「雙核」衝擊。

03 美元之外

這場「雙核」衝擊造成了兩個「不一樣」：

第一個「不一樣」：美元指數單邊上漲，非美元貨幣基本對美元下跌。美元指數從2021年6月初的89持續上漲到2022年4月底的103；僅4月，就上漲了4.8%。

第二個「不一樣」：日圓、歐洲貨幣首當其衝。

「雙核」衝擊的視角清楚地解釋了這兩個「不一樣」。但不能忽視的是，在主要經濟體中，美國是唯一一個能源和糧食雙出口國。

這種優勢強化了美元的地位。

「雙核」對美元之外的國家的衝擊呈非均衡分布，非美元貨幣對美元貶值幅度存在差異（2022年3月1日至4月29日）：

第一檔：日圓。日圓貶值11.8%。

第二檔：歐洲貨幣。英鎊貶值6.5%，歐元貶值5.8%，丹麥克朗貶值5.9%，瑞士法郎貶值5.4%，挪威克朗貶值5.1%。

第三檔：亞洲貨幣。在岸人民幣貶值4.5%，韓元貶值4.8%，泰銖貶值4.4%，馬來西亞令吉貶值3.5%。

第四檔：大洋洲貨幣和加拿大元。澳洲元貶值1.3%，加拿大元貶值1.4%，紐西蘭元貶值3.5%。

特殊檔：長期對美元貶值的新興國家貨幣。土耳其里拉貶值7.2%，2021年11月貶值28%；阿根廷披索貶值7.4%，2019年8月貶值27%，此後每月貶值幅度為1%～4%。

在美元之外的經濟體中，包含以下因素更易招致「雙核」攻擊：持續寬鬆政策、資產泡沫高、負債率高、能源對外依賴度高、糧食自給率低、出口大幅度下滑或逆差擴大。反之，匯率的安全邊界要高一些。

斯里蘭卡這個國家幾乎涵蓋了上面的所有條件。歐洲地緣政治危機引發的能源危機是壓倒這個島國的最後一根稻草。2022年，斯里蘭卡匯率崩潰，通膨居高不下，債務爆雷，能源、糧食及藥品短缺，爆發了一場人道主義危機。

阿根廷是一個經濟反覆崩潰的國家，自1982年債務危機以來一直沒能走出困境。2022年以來，阿根廷食品價格已累計上漲20.9%，累計通膨率超過16%，過去12個月的累計通膨率超過55%。2022年前四個月，阿根廷央行已四次升息，基準利率上調至驚人的47%，但仍無法阻止高度通膨和匯率下跌。

土耳其滿足以上多數條件，在2021年就爆發了兩次股債匯危機，如今正處於市場快速出清中。

反過來，在本輪緊縮中，資源型國家、出口擴張國家的匯率下跌幅度則比較小。能源危機和糧食危機製造了資源出

◆ 全球經濟大勢：通膨與緊縮的雙重壓力

口紅利，其中澳洲、加拿大、巴西、墨西哥均受益。按價值計算，2020年澳洲出口量最大的商品是鐵、煤、石油、黃金和鋁，合計占出口總額的63%。同時，澳洲還是主要的穀物出口國，中國2022年大量採購澳洲和北美的小麥以替代烏克蘭穀物。加拿大的情況與澳洲類似，資源和糧食出口支撐著澳洲元和加拿大元。紐西蘭是農產品出口國，同樣受益於糧食價格上漲。

巴西在2022年3～4月再次上演了1970年代的「劇本」。

巴西是一個資源出口國，在1970年代通膨時，憑藉資源出口賺取了大量美元。但是1982年，聯準會快速升息，資源價格大跌，貿易順差變逆差，巴西陷入了債務危機。如今，聯準會升息，但油價及資源價格依舊硬挺，巴西仍享受著資源出口紅利。2022年3～4月，巴西雷亞爾對美元匯率不僅沒有下跌，反而上漲了4.2%。巴西的基本盤比阿根廷好，但不如澳洲和加拿大，2021年通膨率為10%，遠高於當年政府管控目標中位數的3.75%。過去，巴西雷亞爾長期對美元貶值，於2020年3月單月下跌14%。至2022年4月末，巴西央行已多次升息，目前基準利率上調至12.75%。巴西央行需要防止能源價格下跌時再次出現1982年的債務危機。

越南是一個低調務實、渴望求變的國家。支撐這個國家的經濟和貨幣的不是資源出口，而是「爆單」的商品出口。2022年第一季度，越南的出口額達到891億美元，年增率超

過 13%。世界銀行最新報告預測，越南有望成為 RCEP 成員國中收入和貿易額成長最快的國家。2022 年 3～4 月，越南盾對美元貶值只有 0.6%，是表現最好的亞洲貨幣。

中國的情況是最特殊的，主要體現在外匯和資本管理制度上。

不過，長期來說，人民幣走勢仍受匯率市場規律支配。從「雙核」衝擊的視角來看，中國需要關注兩個方面：石油及糧食的自給率，短期資本流出及商品出口成長速度。

中國是世界第一大油氣消費國，也是第一大油氣進口國。同時，部分金屬資源的對外依賴度偏高，如鐵礦砂的對外依存度為 64.7%、銅礦砂為 92.9%、錳礦砂為 95.9%、鋁土礦為 59.5%、鎳礦為 85.7%、鉑為 100.0%。其中，鐵礦砂是第二大逆差品種，中國每年從澳洲、加拿大等進口鐵礦砂超過 600 億美元。另外，乙烯聚合物、環烴、二甲苯、鉀肥對外依存度較高，其中二甲苯為 50.5%、鉀肥為 43.0%。

中國的糧食供求長期處於緊平衡狀態。2021 年中國糧食產量 6.83 億噸，進口糧食 1.65 億噸。其中，稻米、小麥和玉米三大主糧的自給率比較高，大豆、植物油、牛肉依賴於進口，棕櫚油對外依存度為 100%，大豆為 83%，大麥為 78%。烏克蘭和俄羅斯是中國的主要糧食進口國，烏克蘭 10% 的耕地是由中國營企業業耕種的。2021 年，中國就大力進口糧食，稻米、大麥、高粱、玉米進口成長速度均超過 50%。

其實，世界各國的糧食需求依賴於全球化供應與生產。在此輪危機中，對外依存度越高的國家，糧食的進口成本越高，需要耗費的外匯存底越多。

再看資本流出與商品出口。人民幣匯率主要靠商品出口支撐，2021 年中國商品出口量大增，大量美元流入推升了人民幣匯率。中國人民銀行上調了外匯存款準備金率，試圖抑制人民幣過快升值。自 2019 年開始，中國人民銀行不再對商業銀行強制結匯，大量美元滯留在商業銀行，最高達 1.3 兆美元。2022 年，中國出口成長速度從高位回落，離岸人民幣 4 月開始下跌，中國央行又下調外匯存款準備金率，透過釋放更多美元流動性來抑制人民幣過快貶值。

首先要關注人民幣對美元匯率與美元指數的相關性。自 2016 年以來，人民幣對美元匯率與美元指數高度相關。如果美元指數長期維持高位，那麼離岸人民幣走低的壓力會增加。

2022 年，歐洲地緣政治危機、能源危機和緊縮政策，實際上正在改變國際貨幣體系。著名的瑞士信貸分析師 Zoltan Pozsar 提出布列敦森林體系Ⅲ。他認為，大宗商品和政治正在改變美元的國際貨幣地位。[03] 筆者認為有兩個方面的變化值得關注：

---

[03] 左丹・波扎．瑞信 Zoltan Pozsar：貨幣、大宗商品和布雷頓森林體系Ⅲ [EB/OL]．新財富，2022-04-30。https://mp.weixin.qq.com/s/jifesC9DyQlQAcao_UaH2g。

一是歐美世界正在試圖建立一個新的國際金融體系。

二是各國正在強化國家權力以加強對貨幣及金融體系的干預，提高糧食、能源及關鍵資源的自給率，為本國貨幣增加信用背書。

作為反制措施，俄羅斯表示，其向「不友好國家」供應的天然氣，要用盧布結算。國家權力為本幣尋找「使用場域」，以支撐本幣的匯率。經此一役，主要國家將強化國家力量、關鍵資源與貨幣的緊密度和安全性。

其次要關注「雙核」衝擊相互增強帶來的超預期風險。

2022年第一季度美國實際GDP較上一季下降1.4%，低於市場預期的增加1%，但這個成績並不差，較去年同期實際成長4.3%。這並不會改變聯準會緊縮的決心，抑制通膨是聯準會2022年的首要任務。

聯準會5月放「鴿」，是不是最「鷹」的時候已經過去？聯準會的緊縮政策到底會實施到什麼程度？

在5月利率會議後的記者會上，記者問到這麼一個問題：聯準會要實現2%的通膨目標，供給問題是否需要率先得到解決？聯準會主席鮑爾（Jerome Powell）稱，聯準會目標是解決需求過熱問題，更關注剔除能源和食品價格的核心PCE指標。這意味著，聯準會會緊縮到一定程度，旨在解決需求過度導致的通膨，不執著於打擊能源、糧食供應問題引發的價格上漲。

這就意味著美元指數上升到一定程度和能源（糧食）維持高水位將同時存在，如此很可能繼續對全球總體經濟構成「雙核」衝擊，同時產生相互增強的效應。我們需要高度關注深受地緣政治危機和能源危機困擾的歐洲、日本以及特殊位階的新興國家。這些國家不得不拋售更多的本幣，以追逐美元和能源、糧食。在這場「不一樣」的危機中，資源貧乏國的貨幣、新興國家的債券和房地產，以及特殊位階國家的一切資產，更易遭到衝擊。

全球股債匯正遭遇「雙核」衝擊

主要觀點：在「雙核」衝擊下，國際金融市場難尋「避風港」，出現嚴重的「資產荒」。除了美元、能源大宗期貨價格大幅上漲外，多數金融資產下跌。市場價格嚴重分化：一邊是能源供給制約和需求過熱引發商品價格大漲；另一邊是股票、債券和外匯價格大跌，成為金融市場的重災區。

01 通貨膨脹：美元、石油和商品相競逐

當地時間 2022 年 6 月 10 日，美國勞工部公布的資料顯示，5 月美國消費者物價指數（CPI）與前期相比上漲 1.0%，較去年同期上漲 8.6%，年增漲幅創 40 年來新高。

資料釋出後，金融恐慌迅速蔓延，美元指數和 10 年期公債殖利率大漲，美國三大股指連續下挫。為何通膨超預期引發金融大震盪？

如今，美國金融市場存在一種道德風險。投資者害怕聯準會採取激烈的緊縮政策，聯準會主席鮑爾也擔心激烈緊縮引發金融市場崩潰。換言之，誰都想繼續過寬鬆日子。聯準會寬鬆政策不得不被通膨終結。投資者和聯準會只能「祈禱」通膨輕一些，別被逼得走投無路。但是，數據出來後卻發現無路可退，通膨迫使聯準會必須激烈升息，不確定性由此增加。

◆ 全球經濟大勢：通膨與緊縮的雙重壓力

在這輪「貨幣正常化」的過程中，聯準會的表現可以判定為「失敗」。筆者在 2021 年的文章裡提到希望聯準會在下半年升息，但拖到 2022 年 3 月聯準會才倉促升息。如今，鮑爾也後悔升息太晚了。葉倫（Janet Yellen）財長則直接承認 2021 年對通膨的判斷是錯誤的（通膨暫時論）。掌管美國貨幣與財政的兩大專業官員判斷失誤，後果極其嚴重。

同時，鮑爾的操作手法也是投鼠忌器，幾乎場場打明牌。2022 年 3 月升息之前，鮑爾就反覆跟市場溝通，確保市場預期與聯準會一致。5 月宣布升息 0.5% 的同時不停地安撫市場，還導致了一場美股「合成的謬誤」（fallacy of composition）。6 月縮表同樣沒有「驚喜」。聯準會在對市場揮大棒的同時又給牛奶糖，這種沒有「驚喜」的明牌，難以在短期內控制通膨。

市場認定聯準會不敢過度緊縮，事實也是如此，鮑爾升息屬無奈之舉。鮑爾的「行動的勇氣」，比柏南奇式有餘，比沃克式不足；前者寬鬆行動，後者緊縮行動。

鮑爾的分析不能說不對。他認為，當前的通膨，一部分是戰爭、制裁、供應鏈等供給制約導致的成本推動型通膨，另一部分是貨幣因素導致的需求推動型通膨。聯準會對前者無能為力，能夠解決的是後者（建議總體經濟學界不要混為一談，二者屬同一症狀但不同病因，後者才是通膨）。

怎麼區分？

聯準會採納的指標是美國商務部經濟分析局推出的個人消費支出物價指數（PCE），尤其是剔除能源和食品價格的核心 PCE。

聯準會認為該指標更能夠反映真實通膨，也就是歸他們管的通膨。

2022 年 4 月，核心 PCE 較去年同期增加 4.9％。假如聯準會繼續實施緊縮政策，核心 PCE 相比去年同期下降到 2％，CPI 下降到 4.5％，聯準會的抗通膨任務基本上已經完成，CPI 與核心 PCE 還差 2.5 個百分點就是白宮的責任，是石油因素導致的。

不過，鮑爾忽略了一個關鍵因素，那就是市場角力。

其一，聯準會與投資者之間的角力。

筆者曾說過，央行存在身分悖論，其既是公共機構又是市場交易主體，二者行為存在衝突。葛林斯潘是一位熱衷於市場交易的主席，十多年來與投資者過招無數。但最後一次，他失手了，釀成了次貸危機。此後，國會口誅，輿論筆伐，接連三任主席皆小心行事，使得聯準會強化了公共機構身分。

鮑爾是一個與葛林斯潘截然不同的主席，他致力於資訊公開，弱於預期管理，迴避聯準會身為最具權勢的市場交易者的身分。聯準會每次尚未開場就故意把底牌洩漏給市場，

使市場認為聯準會忌憚市場。鮑爾認為「石油推升的通膨不歸我管」，這在理論上是對的，但市場會認為聯準會不敢承擔責任。如此，道德風險堆積，投資者不輕易壓縮資產負債表，甚至等待聯準會看跌期權出現進而抄底。

緊縮政策的邏輯，不是僅靠央行來從事場回收資金，而是「指揮」市場同步壓縮資產負債表。2022年，美國廣義貨幣為21兆美元，聯準會一年縮表不到1兆美元。真正有效的緊縮是，聯準會透過提高聯邦資金利率、縮表以及預期管理，推動市場利率上漲，促使企業和家庭壓縮資產負債表。這就是「永遠不要與聯準會作對」的內涵，但鮑爾並沒有帶領聯準會筆直地朝著這條路前進。

其二，美元與石油之間的角力。

1970年代停滯性通貨膨脹期間，美國三任總統都將責任推給中東戰爭和石油商。時任聯準會主席伯恩斯（Arthur Burns）引經據典說明石油通膨不是聯準會的責任。雷根政府的財政部預算官員在孟岱爾（Walter Mondale）的指導下做了一個經濟模型，這個模型預測了一幅「美好奇景」：當聯準會大幅度提高聯邦資金利率時，美元持續大漲，國際資金會拋棄抗通膨大宗商品石油，進而大舉買入美元以及美股。當時，聯準會主席沃克正是如此操作的。在經歷了艱難的沃克時刻後，1982年冬天，「美好奇景」出現，國際資金從石油期

貨撤離轉投美元及美股，石油價格應聲下跌，美股進入長期的牛市。

這裡的內在邏輯是美元與石油的競爭關係。需要從兩方面來理解：一方面，戰爭以及制裁構成了供給的嚴格限制，是油價上漲的根本因素；另一方面，美元過度發行以及國際資金掌控的石油期貨定價權，是油價上漲的貨幣因素。換言之，石油價格上漲，也有需求因素，即投資投機需求過熱。當時，沃克不顧一切升息，國際資金重建對美元的信任，弱化了石油投機需求。如今，石油的貨幣泡沫遠甚沃克時期，升息擠壓的泡沫更大，鮑爾擁有一定的操作空間。

接下來的 6 月、7 月兩次利率會議，聯準會要拿出超出市場預期的升息決議，建議單次升息 3 碼。

02 「雙核」衝擊：股票、債券、匯率均下跌

不少經濟學家將這次美國通膨類比為 1970 年代的停滯性通貨膨脹，認為通膨會延續很長時間，呼籲鮑爾重拾沃克的「虎狼之劑」。

這兩次通膨有相似之處：通膨水準都在 8% 之上；凱因斯主義均占領聯準會，前為薩繆森主義，後為現代貨幣理論，聯準會長期實施寬鬆政策；均因戰爭因素引發石油價格大漲，前為中東戰爭，後為歐洲地緣政治危機。

但是，二者的通膨成因也有很大不同：導致 1970 年代通膨的一個重要因素是布列敦森林體系的崩潰。該體系的崩潰意味著美元違約，等同於美元信用崩潰，此後美元連續三次貶值。這是這次通膨延續十年之久的主要原因。

在具體執行層面，鮑爾需重拾沃克的「堅定不移」意志，但無須使用沃克「虎狼之劑」（將聯邦資金利率提到 20％ 之上）。

為什麼？

如今市場對聯準會這個交易對手的認知，與 1970 年代大為不同。

在 1970 年代，投資者、經濟學界和聯準會均不認為通膨是聯準會的責任。聯準會的威望有限，市場更寄託於白宮透過增稅和物價管制等方式緩解通膨。由於白宮三屆政府治理多年無效，人們對通膨的預期已固化。沃克接手聯準會時，市場對聯準會的行動依然持懷疑態度——死馬當活馬醫。

最後，沃克「堅定不移」的行動打擊了市場的通膨預期，重建了市場對美元的信任。如今，經沃克、葛林斯潘的經營，聯準會已成為最具影響力的交易者，它有責任有能力控制通膨已深入人心。聯準會的貨幣政策幾乎決定了經濟週期，它的任何「風吹草動」都可能在市場上掀起腥風血雨。在聯準會內部，當通膨爆發時，控制通膨作為首要任務已成為

「根深蒂固」的共識。這是沃克的政治遺產。

所以，鮑爾若能重拾沃克的意志，使用葛林斯潘的策略，打壓通膨並沒有那麼難。現在的問題是，鮑爾手持重劍但無俠客之膽，缺乏打擊通膨預期和道德風險的雷厲之風。

接下來，鮑爾的策略決定了美國經濟的走向。

2022年的盛夏，鮑爾已退無可退。

之前，鮑爾場場打明牌，市場輕鬆「減肥」，相當於雙方一起掩耳盜鈴。結果，2022年5月消費者物價指數（CPI）較去年同期上漲8.6%，市場立即就崩潰了。不少華爾街投行預測，聯準會將在6月或7月單次升息3碼。預期上來了，如果聯準會沒有跟上，或者只是迎合預期，打壓通膨將是艱難的。

另外，11月國會中期選舉臨近，拜登及民主黨的支持率因通膨而持續下降。如果錯過了這個夏天，鮑爾及聯準會將面臨僅次於2008年的政治壓力。當對抗通膨成為白宮和市場的共識時，鮑爾只能超預期地背水「一戰」。

5月升息後，市場樂觀派認為「最鷹的聯準會」過去了，「9月將終止升息」，現在看來，6月、7月和9月，才是聯準會「最鷹」的時候。

接下來，聯準會的緊縮操作，疊加高價的石油、原材料和糧食，將對全球金融市場發起一場更為迅速的「雙核」衝

◆ 全球經濟大勢：通膨與緊縮的雙重壓力

擊。有沒有可能出現象沃克時代的「美好奇景」，即聯準會升息促使國際資金從石油期貨中抽離，油價下跌，打破「雙核」，股市反彈？假如歐洲地緣政治危機的局勢沒有根本改變，美元打壓油價的可能性較小。主要原因是，鮑爾可能會超預期地對抗需求過熱引發的通膨，但無意冒險打壓油價。這是「雙核」衝擊構成的條件之一。

在「雙核」衝擊之下，全球股債匯將無一倖免，美國的股市、債市以及其他經濟體的匯市，都是重災區。

2022年上半年，美股還沒有到最凶險的地步。為什麼？股市並不是聯準會最關注的因素。聯準會第一考慮的是通膨，第二是美債風險，然後才是股市風險。寬鬆時代，股市和債市是貨幣泡沫化最嚴重的市場。緊縮時期，股票下跌，尤其是科技股大跌，是市場出清的必然。沙烏地阿拉伯阿美市值逆襲蘋果坐上第一把交椅，是「雙核」衝擊下的代表作。如果沒有出現熔斷，聯準會不會太關注股市。另外，2020年那場股災已為聯準會提供了經驗，2008年金融監管建立的沃克法則具有防火牆的作用，減緩了風險傳遞速度：從股市大跌到企業BBB級債務崩潰，再到企業倒閉和大量裁員，經濟最終陷入衰退。這個滯後效應為聯準會提供了調整貨幣政策的空窗期。

其他經濟體的匯市，普遍遭遇「雙核」的衝擊。尤其是，作為傳統避險資產的日圓、歐元，被石油價格大漲打壓，成

為了風險資產。這促使美元指數大幅度單邊升值，進一步打擊包括日圓、歐元在內的非美元貨幣。亞洲商品出口被澳洲、中東能源「獵食」，亞洲貨幣被迫陷入「內戰」。匯率大幅動盪帶來國民資產重新定價的風險，一些長期且仍在實施寬鬆政策、資源匱乏又消耗大、債務風險高的國家容易出現股債匯「三殺」。問題是國際匯率風險（非美元風險）不是當前制約聯準會實施激烈緊縮的條件。

債市，才是真正的風險所在。聯準會實施緊縮政策後，美國10年期公債殖利率一度突破3.44%，創2011年以來的最高水準。公債殖利率倒掛被市場認為是經濟衰退的訊號。其中的邏輯是，商業銀行存貸款業務是透過借短貸長來操作的，如果公債殖利率長期倒掛，市場短期利率可能高於長期利率，這會導致商業銀行的存貸款業務陷入困境，最簡單的理解是投資未來的信心下降，因此這成為了經濟衰退的風險訊號。

通膨是聯準會終結寬鬆的前提，債市風險可能是聯準會終結緊縮的條件。

03 貨幣幻覺：投資、消費、就業將降溫

2022年上半年，美國經濟處於高通膨強勢復甦狀態，就業市場非常火熱。從美國前五個月的各項總體經濟數據均可確認這一點。

◆ 全球經濟大勢：通膨與緊縮的雙重壓力

進入下半年，華爾街對美國經濟衰退、聯準會無法實現經濟軟著陸的擔憂越來越大。美國經濟未來怎樣，與聯準會的操作直接相關。

市場的擔憂是聯準會會不會把金融市場整崩潰。筆者做一個簡單的推演：假如6月、7月和9月，聯準會實施近20年以來最激烈的緊縮政策，其中一次升息至少3碼，那麼美國經濟可能會出現這麼幾種情況：股災（股市深度下滑）；貨幣幻覺破滅，總體經濟降溫；債市風險驟升，突如其來的「錢荒」導致隔夜拆借利率和美債融資利率大漲；美國發生金融危機和經濟全面衰退。哪種可能性更大？

股災，其實是不可避免的。儘管2022年以來那斯達克指數已經下跌30%，但只要聯準會還沒收手，美股就還沒到底。這次，聯準會看跌期權的出現，即抄底的時機，取決於聯準會停止升息的前夜，但聯準會看跌期權能否再現是個未知數。

貨幣幻覺破滅是必然的。貨幣幻覺是歐文・費雪（Irving Fisher）於1928年提出的，是貨幣政策的通貨膨脹效應。簡單來說就是，在貨幣寬鬆時期，人們誤以為自己有錢而擴張消費和投資，而忽視貨幣實際購買力變化的心理錯覺。凱因斯主義者用貨幣幻覺來解釋貨幣和財政擴張是有效的，可以「刺激」私人投資和消費。後來，傅利曼（Milton Friedman）認為貨幣幻覺是「小把戲」，終究會破滅，即當企業主發現原材

料和薪資也上漲,家庭也發現物價上漲時,貨幣幻覺就破滅了。但現實中,貨幣幻覺並不容易破滅。尤其是貨幣持續過度發行時,市場會出現追漲情緒。

到目前為止,這輪大疫寬鬆引發的貨幣幻覺尚未破滅,主要表現在:聯邦財政部給普通家庭發放兆美元補貼,美國居民資產「多增」2萬多億美元,大疫之下消費火熱,物價大漲;受需求刺激,企業擴大投資,增加僱傭,就業市場火爆,薪資──物價螺旋上升,同時房地產投資火熱,房價大漲。

接下來,聯準會激烈緊縮很可能刺破貨幣幻覺,導致消費、投資和就業降溫。

先看家庭淨資產。疫情兩年,美國家庭淨資產增加,在2021年第四季度創下新紀錄。但是,2022年第一季度,股票大跌削減了美國家庭淨資產,共減少5,440億美元,降幅約為0.4%,家庭淨資產總額降至149.3兆美元。家庭淨資產成長進入轉折點,過熱的消費可能降溫。目前,已經出現消費降溫的「蛛絲馬跡」:沃爾瑪及另外一家大型零售機構均表露出庫存方面的擔憂;國際航運研究及諮詢機構德魯里公司的Drewry發現,自2022年5月24日以來,運往美國的貨櫃進口量下降了36%以上。[04]

---

[04] 朱雪瑩。航運股崩了!貨運量價齊跌,摩根大通發出衰退預警 [EB/OL]。華爾街見聞官網,2022-06-09。https://wallstreetcn.com/articles/3661547。

其次,消費降溫,投資也跟著降溫,但抑制投資的最大因素還是聯準會繼續升息。目前,美國30年期的住房貸款利率已經上升到5.3%。儘管房地產市場依然火爆,但升息將進一步推升市場利率,投資成本與風險也水漲船高。

最後看就業。2022年5月美國失業率降至3.6%,非農新增就業為39萬,較4月有所減少;4月的職位空缺數為1,140萬,低於前一個月修正後的創紀錄高點1,190萬。各項就業數據非常景氣,均進入高峰和轉折點。隨著消費和投資降溫,以及沃爾瑪等大型企業解聘疫情期間的「超額員工」,就業市場也將降溫。

雖然貨幣幻覺破滅會促使美國經濟降溫,但經濟不至於全面衰退。美國經濟主要看消費指標,消費主要看就業指標,只要失業人數不會大增,經濟就不會全面衰退。

接下來是債市風險驟升。這是市場最需要關注的,也是最有可能迫使聯準會終結緊縮政策的風險訊號。

2019年聯準會主席鮑爾將聯邦資金利率調高到2.5%,美股搖搖欲墜,但最終讓鮑爾「棄械投降」的是債市。8月,美債殖利率出現短暫的倒掛;9月,聯邦財政部向債市發行一筆公債,市場突然出現「錢荒」,隔夜拆借利率和美債融資利率大漲。這迫使聯準會緊急擴表5,000億美元緩解流動性危機,進而轉向降息。

進入 2022 年下半年，聯準會開始縮表，公債殖利率已飆升至近 10 年新高水位；儘管聯準會被動賣出更多的住房抵押支持債券，但公債殖利率還是倒掛。雖然 2022 年聯邦財政部刻意降低發債規模，但公共債務餘額仍然突破了 30 兆美元，前 5 個月新發公債 3 兆美元，前 4 個月累計利息支出接近 1,500 億美元，比 2021 年同期增加了 25% 左右。隨著聯準會升息，美債利息還將持續增加，從 6 月到年底，美國還將有 3.6 兆美元公債即將到期，預計全年支付利息超過 6,000 億美元。美國財政部拍賣 3 個月期公債，得標利率 1.640%，高於前次的 1.230%。

在聯準會加速緊縮期間，如果美債收益率倒掛，又撞上聯邦財政部投放債券融資，那麼，「錢荒」這隻黑天鵝可能會起飛。

市場需要高度重視一項數據，即聯準會隔夜逆回購資金。聯準會用債券來收回金融機構的美元，期限為一天，利率為 0.8%。這項金額近期大規模增加，連續創下歷史新紀錄，2022 年 6 月 14 日，聯準會接納的隔夜逆回購資金達到 2.213 兆美元。

2022 年第三季度，美國個人住房貸款利率上升到 5.3%，短期公債利率也有 1.6%，為什麼金融機構不願意對外放貸，而要將數兆美元存入聯準會，賺取微利？

全球經濟大勢:通膨與緊縮的雙重壓力

一種可能的市場擔憂是,美國金融機構對外放貸缺乏信心,避險情緒持續增加,這很可能導致金融市場突然遭遇「錢荒」,即流動性危機。

首先,這筆資金規模太大。2.2兆美元什麼概念?超過美國廣義貨幣總量的10%,超過聯準會兩年縮表的規模。儘管時間只有一天,但反覆交易,會長期占用這筆資金。其次,這筆資金規模快速擴大,屢創紀錄。最後,聯準會是被動的,金融機構是主動的。

這次操作相當於為金融機構進行擔保,實際上容易誘發道德風險,如果哪天金融機構集體「躺平」把錢存入聯準會,聯準會就面臨牽一髮而動全身的困境,只能親自放貸或擴表來救市。

如果「錢荒」這隻黑天鵝到來,意味著聯準會緊縮政策終結,還可能轉向寬鬆操作。爆發金融危機或經濟危機的可能性不太大,因為美國家庭和企業資產負債表比較健康。當然,也要看聯準會的救市行動。聯準會也可能面臨一種兩難情況:通膨轉化為大規模的停滯性通貨膨脹,即通膨、股災和債市風險齊發。屆時,聯準會可能會採取另類扭曲操作:維持聯邦資金利率抗通膨,降低隔夜拆借利率和啟用借貸便利工具救債市。但是否有效,天知道。

這次不一樣,警惕「雙核」衝擊。

參考文獻

[1] 布萊恩‧多米特諾維奇。供給側革命 [M]。朱冠東、李煒嬌,譯。北京:新華出版社,2016。

[2] 歐文‧費雪。繁榮與蕭條 [M]。李彬,譯。北京:商務印書館,2014。

◆ 全球經濟大勢：通膨與緊縮的雙重壓力

全球經濟進入最激烈緊縮時期

主要觀點：2022年下半年，聯準會、英格蘭銀行、歐洲央行全球三大央行均實施激烈升息政策，全球經濟進入最激烈緊縮時期。

聯準會的首要任務是對抗通膨，同時兼顧美債風險；歐洲央行的首要任務是拯救歐元區核心國以及提振歐元。在全球流動性緊縮和能源危機之下，亞洲國家的進口能力普遍受本幣下跌和進口價格上漲制約；亞洲國家的商品出口需要關注歐美經濟復甦動力衰減引致出口成長速度下降。

「讓鷹飛一會。」

中原標準時間2022年9月22日週四凌晨2點，「靴子」終於落地，聯準會公布9月利率決議，宣布升息3碼，將聯邦資金利率目標區間推升至3%～3.25%。

這是聯準會連續第三次大幅升息3碼，過去6個月5次升息累計3%，創下聯準會40多年來最激烈的升息紀錄。

2015年開啟的這輪升息，歷時36個月，升息9次，累計只有2.25%，聯邦資金利率終點為2.25%；2004年開啟的這輪升息，歷時25個月，升息17次，累計4.25%，聯邦資金利率終點為5.25%。如今無疑是聯準會自沃克時代以來的最「鷹」時期。

利率決議公布後，美元指數再創新高，盤中升至 111.73。非美元貨幣紛紛跌入歷史性低位：英鎊兌美元跌到 1.1236，創 1985 年以來新低；歐元兌美元跌至 0.9813，為 2002 年以來新低；離岸人民幣跌破 7.1 關口，來到 7.102；美元兌日圓跌到 144.6，為 1998 年以來的最低水準；美元兌韓元跌到 1400，為 2009 年以來的首次。

美股三大指數尾盤殺跌，道指跌 1.7%，納指跌 1.8%，標普 500 指數跌 1.71%。不過，歐洲三大股指紛紛上揚。亞太股市普遍走低，恆生指數下跌 1.61%，盤中破 18000 點，為 2011 年 12 月以來首次；滬指跌 0.27%，深成指跌 0.84%，創業板指跌 0.52%。

01 聯準會首要任務是對抗通膨

進入 9 月，全球股債匯市場「大氣不敢喘」，豎起耳朵聽聯準會的升息決議，市場情緒與前四次升息決議時相比悲觀不少。

前四次升息，市場普遍誤解了聯準會，認為聯準會不敢大幅升息，鮑爾比投資者更怕誤傷股市。每次利率決議公布後，股票市場都喜聞符合預期的升息，甚至樂見經濟衰退訊號，等待聯準會看跌期權的出現。這是聯準會長期慣出來的道德風險外溢，也是 2022 年鮑爾預期管理失敗的結果。

為了扭轉預期管理上的被動，鮑爾在 8 月 25 日的傑克森

◆ 全球經濟大勢：通膨與緊縮的雙重壓力

霍爾（Jackson Hole）全球央行年會上「鷹聲嘹亮」。全球央行年會是全球貨幣政策的風向球，歷史上幾次轉折性的貨幣政策都是在這裡宣布的，主要是寬鬆政策。但是，鮑爾「黑色8分鐘」的演講告誡市場：「歷史經驗強烈警告我們不要過早放鬆政策。」

聯準會「放鷹驅鴿」收穫奇效，直接擊潰了美股6月以來的「僥倖心理」，市場對「鷹派」聯準會重新定價，美股接連大跌；接著，美國8月CPI數據不如預期，9月升息3碼成市場共識，股債匯遭受衝擊。近期市場已充分「price in」升息3碼，但「靴子」落地後，市場表現還是偏謹慎。主要原因有兩點：

一是對抗通膨依然是2022年聯準會的首要任務。

鮑爾反覆強調，「聯準會當前的首要任務是將通膨降至2%目標」。筆者曾說過，聯準會有雙重使命，即通膨目標和充分就業；如果在通膨和充分就業之間二選一，聯準會定然優先選擇對抗通膨。為什麼？

正如鮑爾在記者會上所說的那樣，「堅決致力於降低通貨膨脹。物價穩定是經濟基石，缺乏價格穩定，經濟就無法運轉」。[05] 這是彌爾頓・傅利曼價格理論和海耶克（價格）資訊分權的基本邏輯，也是沃克留給聯準會「根深蒂固」的貨幣操

---

[05] Jerome Powell. Transcript of Chair Powell's Press Conference September21, 2022［R］. Federal Reserve Board, 2022-09-21.

作經驗，被主要國家央行奉為「鐵則」。

從凱因斯（John Maynard Keynes）到薩繆森（Paul Samuelson）時代，總體經濟學家和央行官員都視通縮（失業）為大敵，認為通縮意味著資源閒置、債務崩潰，危害大於通膨。但是，1970年代大規模的停滯性通貨膨脹衝擊了他們的理論邏輯和學術地位，傅利曼和沃克改變了總體經濟學家的認知。新凱因斯主義者史坦利‧費希爾（Stanley Fischer）承接了薩繆森的衣缽，但也接受了價格理論，重新審視通膨的危害。

費希爾被稱為「央行之父」，他從1970年代大停滯性通貨膨脹開始擔任麻省理工經濟系主任，後來擔任過聯準會副主席、以色列央行行長，培養了大批央行官員，其中包括聯準會前主席柏南奇。不過，我更願意稱他為「寬鬆央行之父」。

雖然這位「寬鬆央行之父」認為「通貨膨脹的代價顯然比失業的代價小得多」（可預期的通膨不會對經濟帶來損失），但他也不得不承認「事實證明，通貨膨脹打亂了熟知的價格關係，並降低了價格系統的效率」。作為一位長期主管貨幣政策的央行官員，他明確強調：「不管出於什麼理由，政策制定者都願意透過增加失業來努力減少通貨膨脹——以更多的失業換取更少的通貨膨脹」[06]。這句話的結尾還特意加了備註：

---

[06] 魯迪格‧多恩布希、史坦利‧費希爾、理查‧斯塔茲。總體經濟學（12版）[M]。北京：中國人民大學出版社。2017。

◆ 全球經濟大勢：通膨與緊縮的雙重壓力

對於通貨膨脹最可讀的說明，見 Milton Friedman（彌爾頓‧傅利曼），「The Causes and Cures of Inflation」。

以上資訊說明聯準會在通膨面前「沒得選」。鮑爾在記者會上稱，FOMC[07] 意識到，高通膨問題讓聯準會（在政策行動方面）處境艱難。[08]

具體看通膨數據：美國勞工統計局公布資料顯示，2022年8月CPI較去年同期上漲8.3%，低於7月的8.5%，但高於市場預期的8.1%；8月CPI較上期上升0.1%，高於市場預期的-0.1%，成長速度較前值的0%小幅回升。

從歷史數據看，這依然是歷史級別的通膨，聯準會不敢鬆懈：與前值相比，通膨似乎有所緩和；與預期相比，這個數據超出了市場預期。「預期差是波動之源」，這增加了聯準會大幅升息的傾向和市場的擔憂。

令聯準會緊張的是核心CPI反彈。資料顯示，8月核心CPI較去年同期上漲6.3%，高於市場預期的6.1%、前值的5.9%；8月核心CPI比上一期上漲0.6%，高於市場預期以及前值的0.3%。

核心通膨率剔除了食品和能源價格，更能夠反映市場的

---

[07] 聯邦公開市場委員會（The Federal Open Market Committee），隸屬於聯邦儲備系統，主要任務是決定美國貨幣政策，透過貨幣政策的調控，來達到經濟成長及物價穩定兩者間的平衡。

[08] Jerome Powell. Transcript of Chair Powell's Press Conference September21, 2022［R］. Federal Reserve Board，2022-09-21.

需求熱度,而抑制市場需求過熱是聯準會對抗通膨的首要任務。只要核心通膨率居高不下,聯準會就沒有退路。

注意,聯準會採納的核心通膨率指標是美國商務部經濟分析局釋出的核心PCE,要緊盯這個指標。本次利率會議,聯準會聯邦公開市場委員會(FOMC)預測2022年底核心PCE通膨預期中位數為4.5%(6月預期為4.3%),距離2%的目標還有距離,預計到2025年底核心PCE通膨預期中位數還能回落到2.1%的水準。

二是美國經濟隨著聯準會激烈升息而衰退的預期增強。

鮑爾在記者會上說,若要處理好美國高通膨問題,肯定要承受痛苦,而遭受痛苦的程度將取決於實現美國通膨回落至2%這一目標的時間長短。

痛苦的原因是什麼?利率抬升會抑制投資和消費,總體經濟成長速度下降,企業業績下滑,失業率攀升,股票下跌,資產縮水,償債壓力增加等等。

從第三季度開始,房地產投資呈下降趨勢。9月中旬,美國30年期固定抵押貸款的平均利率達到6.25%。本次升息後,美國三大銀行宣布把最優惠貸款利率上調3碼,使其達到2008年以來的最高水準。雖然股債承受壓力,但失業還不構成威脅。資料顯示:8月非農就業增加31.5萬人,高於預期的增加29.8萬人,非農就業人數正好補齊疫情期間的缺

口；勞動參與率上升引致失業率小幅回升至 3.7%；時薪年增率和季增率略低於預期；職位空缺數上升至 1,120 萬。

本次利率會議，聯準會 FOMC 也下調了經濟成長預期：2022 年底、2023 年底、2024 年底 GDP 成長速度中位數分別為 0.2%、1.2%、1.7%（6 月預期分別為 1.7%、1.7%、1.9%）；同期，失業率中位數分別為 3.8%、4.4%、4.4%（6 月預期分別為 3.7%、3.9%、4.1%）。

不過，鮑爾還是強調，雖然更高的利率、緩慢的經濟成長、走衰的勞動力市場都對大眾不利，但都比不上沒有恢復價格穩定那麼痛苦。

本次升息過後，聯準會最「鷹」的時候過去了嗎？

FOMC 更新的點陣圖顯示，2022 年剩下兩次（11 月和 12 月）利率會議，可能合計升息 1%～1.25%；2023 年聯邦資金利率的最高值為 4.6%，高於市場預期。聯準會決議是「一會一議」，需根據未來 2 個月的核心通膨率、美債收益率和失業率數據來定。

02 歐洲央行需優先拯救核心國家

2022 年第三季度，聯準會、歐洲央行和英格蘭銀行全球三大央行「放鷹」，緊縮力度歷史罕見。

當地時間 2022 年 9 月 8 日，歐洲央行管委會會議決定大

幅升息 3 碼，三項主要利率中的再融資利率升為 1.25%，邊際貸款利率升為 1.5%，存款利率升為 0.75%。這是歐元和歐洲央行誕生以來最大規模的升息舉措。

歐洲央行為何超預期升息？

與聯準會類似，歐洲央行的首要任務是對抗通膨。歐盟統計局 8 月 31 日公布的初步統計數據顯示，受烏克蘭局勢影響，歐元區能源和食品價格持續飆升，8 月通膨率按年率計算達 9.1%。歐元區能源價格較去年同期上漲 38.3%，是推升當月通膨的主因。從國別來看，歐盟主要經濟體中，德國 8 月通膨率為 8.8%，法國為 6.5%，義大利為 9.0%，西班牙為 10.3%。

9 月 2 日，俄羅斯天然氣工業股份公司宣布，由於發現多處設備故障，「北溪 1 號」天然氣管道將完全停止輸氣，這直接導致歐洲天然氣和電力價格進一步攀升。當天，倫敦洲際交易所天然氣期貨價格開盤後一度升至 2,800 美元／千立方公尺，增幅超過 30%。

不過，與美國有所不同的是，歐洲經濟正在遭遇由能源危機和美元緊縮引發的「雙核」衝擊：歐洲核心國工業產能受制約，德國出現貿易逆差，金融市場震盪，股債匯「三殺」。歐元兌美元匯價跌破平價位，最低觸及 0.98，為近 20 年來最低水準，有些分析師驚呼「歐元隕落」。

◆ 全球經濟大勢：通膨與緊縮的雙重壓力

歐洲央行激烈升息，直接目的是對抗通膨，更深層次的目的是拯救歐元區核心國、拯救歐元。

進入2022年下半年，歐元區經濟持續下滑，連續跑輸美國。

歐元區8月綜合PMI終值48.9%，預期49.2%，初值49.2%；製造業PMI為49.5%，較上月下降0.6個百分點，連續7個月下降。德國製造業PMI只有49.1%，低於歐元區整體水準，也低於美國同期的51.5%。

危險的是，歐洲當前所遭遇的能源危機和歐元貶值，正在對其經濟結構，尤其是製造業造成深遠的衝擊。對於能源嚴重緊缺的歐洲來說，一方面天然氣價格不斷上漲，削減了歐元的真實購買力；另一方面歐元持續貶值，又削弱了能源及原材料的進口能力。

作為歐元區核心國，德國憑藉其強大的工業製造和出口實力支撐著歐元的核心價值。但是，能源危機和歐元貶值嚴重製約了德國的製造能力和供應能力。德國基爾世界經濟研究所發出警告：

「由於能源價格高漲，一場經濟雪崩正在朝著德國湧來。」歐盟工業正遭遇一次大型的「工業轉移」，德國製造業正上演一場「工廠大逃亡」。

首當其衝的是高度依賴天然氣的化工產業。化工產業的

天然氣用量占歐盟工業消費量的 24％；有機化學產品的缺口重創了歐洲的化工產業；化工大廠巴斯夫及一些化工廠已經停產或削減產能。除此之外，鋼鐵、機械、非金屬礦產、有色金屬、運輸設備等工業產能也被削減。歐洲最大鋼廠安賽樂米塔爾關停了法國和德國的中型鋼廠；世界最大煉鋅企業之一 Nyrstar 關閉了旗下的荷蘭煉鋅廠；美國鋁業公司旗下位於挪威的電解鋁廠減產三分之一；全球鋁業大廠挪威海德魯將於 9 月底關閉斯洛伐克的一家煉鋁廠。

歐盟只能透過大幅度進口來填補工業產能的嚴重缺口。一方面大規模進口能源、工業中間財和製成品，另一方面出口能力受到約束，這導致歐盟和德國的貿易條件迅速惡化。

2022 年受能源價格上漲和美元價格上漲的衝擊，英國、德國、法國、義大利、日本、韓國的貿易逆差均擴大。第二季度，歐盟貿易出現 1,231 億歐元的赤字，這是歐盟近 20 年來最糟糕的貿易表現。

德國是一個傳統的工業品出口強國，在疫情之前，常年維持每月 190 億歐元至 210 億歐元的貿易順差。2021 年 7 月，德國的月度貿易順差仍保持在 171 億歐元，但之後迅速下滑。2022 年第二季度，德國貿易順差下降至 98 億歐元，較 2021 年同期減少 329 億歐元。其中，5 月德國出口 1258 億歐元，進口 1,267 億歐元，出現 10 億歐元的逆差。儘管後期德國將 5 月貿易餘額修正為 8.1 億歐元的順差，但這依然是 1992 年

以來德國貿易順差的最低值。

能源方面，德國直接減少了對俄羅斯油氣的進口，增加了對荷蘭、挪威、美國的天然氣進口；商品方面，德國減少了對歐盟的進口，大幅增加了對東盟、日韓和中國的進口。往年，德國主要淨進口的品類是農作物、原油與天然氣、礦物。2022 年 4 月開始，德國的原油與天然氣進口額迅速攀升，同時能源短缺打擊了工業生產，工業品進口也被迫增加。

扣除能源產品，德國第二季度的工業品貿易逆差為 174.1 億美元，明顯加大了有機化學品、電機設備、金屬製品、塑膠製品的進口，前兩項產品的貿易逆差分別擴大到 143.8 億美元和 -50 億美元。

進入冬季，歐洲的能源需求量增加，天然氣和電力價格可能進一步上漲。Gas Infrastructure Europe 資料顯示，9 月 4 日，歐盟天然氣庫存已經達到了 81.92%，高於 2021 年同期的 68.57%，已經完成歐盟委員會制定的 11 月前儲氣率達到 80% 的目標。按此庫存量，歐洲可能能夠驚險地越過 2022 年冬天，但工業用氣依然無法保障。

預計通膨高燒將延續到第四季度。德國聯邦統計局 9 月 20 日釋出的數據顯示，8 月 PPI 較去年同期上漲 45.8%，是有史以來最大的年度增幅，遠超預期值和前值；與上一季度相比上漲 7.9%，也是有史以來最大的季增幅。其中，能源價

格較去年同期大漲 139%，季增率 2.4%。歐洲央行也上調了通膨預期，預測 2022 年歐元區平均通膨率為 8.1%。

歐洲央行的激烈升息能否拯救歐元區核心國？抑制歐元下跌短期內無疑可以提高歐元區核心國的進口競爭力，但歐元的真正支撐來自歐元區核心國的出口競爭力。德國經濟面臨的主要挑戰是能源短缺，歐洲央行在這一方面作為有限，因此只能依賴於戰爭與政治因素，尤其是在寒冬來臨之前戰爭結束。

另外，歐洲央行在 7 月升息時保持謹慎態度，其中一個原因是擔心歐元區「邊緣國」的債務風險。早在 6 月，受歐洲央行 7 月升息預期的推動，「邊緣國」公債殖利率紛紛大跌。為此，歐洲央行特意在升息之前召開緊急會議商討應對債務風險之策。8 月下旬開始，「邊緣國」公債殖利率再度大跌。截止到 9 月 14 日，義大利 10 年期公債殖利率升至 3.98%，希臘為 4.23%，冰島為 5.76%，均高於美國 10 年期公債殖利率。

不過，這次歐洲央行似乎沒有把歐元區「邊緣國」的債務風險放在首要位置，因為歐洲央行更為緊迫和重要的任務是拯救歐元區核心國，尤其是德國。只有徹底拯救德國經濟，才能避免歐元區衰退和歐元「隕落」，才能真正挽救面臨債務風險的歐元區「邊緣國」。但毫無疑問，「邊緣國」債務將更加危險。

◆ 全球經濟大勢：通膨與緊縮的雙重壓力

03 亞洲出口國競逐商品供應鏈

2022年9月第三週是全球「超級央行週」，美國、英國、瑞典、瑞士、日本、巴西、土耳其等國央行如期公布利率決議。截止到第三季度，除了日本、中國、土耳其等少數國家外，全球主要國家央行都已進入緊縮通道。

在「雙核」衝擊之下，亞洲國家面臨共同的機遇與挑戰，這考驗著各國央行官員。2022年亞洲國家經濟出現一些共同特點：一是匯率普遍下跌，其中日圓、韓元下跌幅度最大；二是進口受能源漲價和匯率下跌制約；三是出口貿易大增，但貿易逆差擴大。

2022年亞洲商品出口額大漲，主要是受到美國經濟拉動，以及歐洲通膨的進口替代刺激影響。在歐美通膨之下，亞洲國家的匯率貶值在一定程度上推動了商品出口。不過，亞洲商品出口國多為能源進口國，能源價格大漲和匯率貶值又推升了進口成本，削減了出口製造業的利潤。除了中國（進口成長速度遠低於出口成長速度），多數亞洲商品出口國在出口成長的同時，貿易順差縮小或貿易逆差擴大。即資源出口國「獵食」商品出口國。

亞洲商品出口國要高度關注美國和歐洲這兩個大客戶的經濟動向。因為歐美製造業PMI與亞洲出口數據相關性強，歐美製造業PMI下降，通常中國出口成長速度也會下降。

中國物流與採購聯合會釋出的資料顯示，2022 年 8 月全球製造業採購經理指數（PMI）為 50.9%，較上月下降 0.3 個百分點，連續 3 個月與前期相比下降，並創出 2020 年 7 月以來的新低，表明全球經濟復甦動能繼續趨弱。8 月，歐洲製造業 PMI 為 49.5%，較上月下降 0.6 個百分點，連續 7 個月下降。同期，美國製造業 PMI 為 52.3%，較上月下降 0.3 個百分點，連續 3 個月下降。

歐洲和美國的製造業 PMI 的走勢與亞洲國家的出口成長速度下降的走勢是一致的，其中中國、韓國表現頗為明顯。8 月中國對美國出口成長速度萎縮 3.8%（7 月為 11%），為 2020 年 4 月以來最低水準；對歐盟出口成長速度則從 7 月的 23.2%，下降到 11.1%。如果美國經濟隨著聯準會激烈緊縮而衰退，亞洲國家對美國的出口成長速度也將下降，將切換到衰退交易模式。

不過，我們也需要拆開來看其中的差異。美國經濟狀況比歐洲好，通膨有所緩和，需求還是過熱，但中國對美國的出口成長速度下降最大，8 月變為負值。

另外一個數據更值得我們關注，那就是中國對美國的出口額占美國總進口的比重有所下降。從越南、印度對美國的出口數據來看，中國與印度和東盟國家在對美出口方面有著競爭關係。

◆ **全球經濟大勢：通膨與緊縮的雙重壓力**

越南海關總署統計數據顯示，2022 年 8 月越南對美出口額近 100 億美元，前 8 個月對美出口總額達 770 億美元，年增率 24.51%，增量達 151.6 億美元。截至 8 月底，越南對美出口規模最大的三類產品分別是機械設備、紡織品、電腦及電子產品，較去年同期分別增加 28%、22.6%、25%。

再看歐洲，受能源制約影響，歐盟的進口替代趨勢非常明顯。

歐盟的進口缺口主要由東盟來填補，德國進口轉移的需求主要由中國來滿足。德國向中國擴大進口的產品多為產能被天然氣約束的工業中間財，如化工、機電、汽車及其零組件，這些產業原本是德國的強勢產業，但 2022 年德國向中國大量進口半導體裝置、變壓器、閥門軸承、機床、液壓泵等產品。

2022 年德國對中國的貿易逆差持續擴大，第二季度較 2021 年成長 245%，增加 178.6 億美元，幾乎占到了德國全部貿易差額變動的一半。順差主要由化工、機械、電子這三大產品形成。其中，化工產品中的內醯胺在第二季度對中國的進口額達 122.3 億美元，第一季度僅為 8.9 億美元，創造了 119.7 億美元的貿易逆差。

中國 2022 年製造業投資的高成長速度主要受中游製造業的出口拉動，如通用設備、電氣機械、鋼鐵、化工、電腦通訊、汽車製造等產品出口均快速成長。其中，大量中間財直

接銷往歐洲，或出口東盟轉銷歐洲。8月，中國對歐盟的出口額超過了對美國的出口額。

另外，中國對歐盟的出口額占歐盟總進口的比重變化不大。

能源危機強化了歐洲對東盟、中國的進口依賴，進而增加了東盟與中國的貿易額。上半年，東盟首度超越歐盟和美國，成為中國第一大貿易夥伴。歐盟從東盟增加進口，而東盟從中國增加進口。

中國對東盟的出口商品主要是中間財，而東盟一些國家向中國進口中間財，加工後再出口到歐盟。

數據顯示，2022年上半年，越南對歐盟出口236億美元，前8個月對歐盟貿易順差216億美元，較去年同期增加46.4%；不過，中國是越南最大的進口國，前8個月累計進口821億美元，貿易逆差478億美元，年增率21.9%。8月，中國對東盟出口成長速度回落8.35個百分點至25.13%；對美國出口成長速度繼續回落14.74個百分點至-3.77%；對歐盟出口成長速度回落12.09個百分點至11.08%。

值得注意的是，持續高通膨對歐盟經濟的傷害是顯而易見的，總需求下降會削減歐盟對東盟、中國的進口規模。

從2022年中國對美國、歐盟、東盟的出口數據可以看出，在歐洲市場，中國與東盟保持著合作關係；在美國市

場，中國與東盟之間的競爭關係更為明顯，這可能跟國際局勢的變化有關係。

最後，自由市場的秩序無時無刻不在自我調整。關注總體經濟，參與市場交易，要深刻理解市場的適應與調節能力。

參考文獻

[1] 魯迪格‧多恩布希、史坦利‧費希爾、理查‧斯塔茲。總體經濟學 [M]。12版。北京：中國人民大學出版社，2017。

政策取向分析：
貨幣與財政應對的分歧

　　總體經濟學將貨幣政策和財政政策界定為總體經濟政策。在經濟衰退或經濟危機爆發時，實施怎樣的總體經濟政策才真正有效？當經濟復甦時，如何實現貨幣政策、財政政策「正常化」？

　　2020年到2022年，全球總體經濟跌宕起伏，歷經疫情衰退、股債、經濟復甦、能源危機、通膨、經濟復甦動能衰退。這輪經濟週期中的貨幣政策和財政政策，無疑為研究總體經濟政策提供了重要的現實案例參考。

◆ 政策取向分析：貨幣與財政應對的分歧

貨幣：美中貨幣政策差異及其影響

主要觀點：「雙核」衝擊是判斷本輪緊縮週期中全球大類資產價格變動的重要邏輯。在「雙核」衝擊之下，全球主要國家的貨幣政策有所差異。聯準會實施歷史級別的激烈緊縮政策，美元大漲，非美元貨幣大跌，全球股債匯「三殺」。中國人民銀行則一次降準、多次降息，保持流動性充裕。美中兩國貨幣政策相向而行的原因是兩國總體經濟狀況和貨幣政策目標不同，聯準會緊縮的目的是對抗通膨，中國人民銀行則主要是穩定經濟大盤。

01 全球總體經濟的基本判斷

(一) 全球總體經濟在通膨中復甦，而通膨和緊縮政策又增加了衰退風險

2022年以來，全球經濟在高通膨中復甦。美國通膨率創下1981年以來的最高水準，1～7月，美國CPI年增率分別增加7.5%、7.9%、8.5%、8.3%、8.6%、9.1%、8.5%；歐元區7月CPI年增率終值為8.9%，續創歷史新高，預期值與前值均為8.90%；亞太地區面臨輸入性通膨的壓力。通膨和緊縮政策增加了經濟衰退風險。

(二)全球處於貨幣緊縮週期，
　　三大央行同時實施激烈升息政策

2022年3月，聯準會升息象徵著全球進入新一輪的貨幣緊縮週期。5月，聯準會開始實施歷史級別的激烈緊縮政策。截止到8月底，聯準會實現年內第4次升息，也是連續第2次升息3碼，聯邦資金利率目標區間上調至2.25%～2.5%。接下來的9月、11月和12月，聯準會還有三次利率會議，預計聯邦資金利率目標區間在2022年底將上調到4%～4.25%。

在本輪全球緊縮週期中，截止到8月底，已實施緊縮政策的央行有美國、英國、紐西蘭、加拿大、澳洲、巴西、阿根廷、歐洲央行；仍在實施寬鬆政策的央行有日本、中國、土耳其等央行。

(三)歐洲地緣政治危機引發了全球能源危機

2022年，東歐出現了一場嚴重的地緣政治危機，同時也引爆了全球能源危機。上半年，石油、天然氣、煤炭、糧食及大宗原料價格大幅度上漲，推動全球供應及消費品價格上漲。同時，歐美世界試圖建構新的國際能源──金融體系。下半年，石油等大宗期貨價格有所回落，金屬和糧食期貨價格下跌幅度較大。

總之，2022年全球總體經濟面臨通膨和高債務風險。聯

◆ 政策取向分析：貨幣與財政應對的分歧

準會升息引致美元指數飆升，歐洲地緣政治危機引致石油及糧食價格大漲，二者對全球金融市場構成「雙核」衝擊。

02 美中兩國貨幣政策的操作邏輯

聯準會是影響 2022 年全球總體經濟走勢的最大因素，緊縮政策是影響經濟成長的最大不確定性因素。

聯準會的貨幣操作週期影響著美國的金融週期。從投資的角度來說，「跟著聯準會做交易」成為了第一原則。自葛林斯潘時代開始，華爾街操盤手就深刻地明白一個道理：「別站在聯準會的對立面。」2008 年金融危機後，聯準會對資產價格走勢的影響愈加明顯。

美國經濟成長緩慢，美股脫離總體基本面掀起一波牛市，主要原因是聯準會實施了寬鬆政策。2020 年的股災再次印證了「跟著聯準會做交易」這個實用原則。

2022 年，聯準會開始實施緊縮政策，「緊縮交易」，即跟著聯準會的緊縮政策做交易，成為了投資界的主流操作方式。因此，關注、理解和預判聯準會的貨幣政策，是金融投資的關鍵步驟。

聯準會的貨幣政策目標，主要是通膨率和就業率，即承擔「雙重使命」；同時加上金融穩定性，尤其是美債收益率曲線。

通膨率，通常用消費者物價指數（CPI）和核心 CPI 來表示；但聯準會最關注的是個人消費支出物價指數（PCE）和核心 PCE。PCE 由美國商務部經濟分析局最先推出，並於 2002 年被聯準會的決策機構聯邦公開市場委員會（FOMC）採納為評估通貨膨脹的一個主要指標。2012 年，聯準會將核心 PCE 年率漲幅 2％定為長期通膨目標。所以，關注通膨目標，主要關注核心 PCE。

就業率，通常用非農就業人數、失業率、每週初請失業金人數以及職缺數來表示。其中，失業率是最重要的指標，每週初請失業金人數是即時且敏感的指標。聯準會只將「充分就業」作為目標，沒有明確就業率的具體數據。

金融穩定性，主要是證券市場（主要是股票和債券）的價格穩定。在債務風險居高不下的時期，美債收益率是聯準會高度關注的指標。

這三個目標是平行的，其先後主次取決於聯準會對經濟形勢的判斷。2021 年，聯準會將充分就業置於通膨目標之前；2022 年，聯準會將對抗通膨視為首要任務。另外，這三個目標有時可能會相互衝突。2022 年，通膨和債務風險並存，牽制聯準會的緊縮政策。

聯準會的貨幣政策工具包括公開市場操作、貼現窗口和貼現率、存款準備金率、超額準備金利息（IORB）、隔夜附買回協議（ON RRP）、定期存款（TDF）、央行流通性交換、

◆ 政策取向分析：貨幣與財政應對的分歧

外國及國際貨幣當局債券附買回交易（FIMA Repo）、常設隔夜附買回協議（SRF Repo）九大類。聯準會一般透過調整聯邦資金利率和公開市場操作的方式來調節貨幣供應量和干預市場利率。

2008年之後，聯準會設立了三類非常規貨幣政策工具：聯準會作為「最後貸款人」直接向企業提供貸款；聯準會透過大規模資產購買（QE），為金融市場提供流動性支持；聯準會透過預期管理引導市場形成通膨預期，從而刺激投資和消費。

聯邦公開市場委員會（FOMC）一年有8次利率會議，分別在1月、3月、5月、6月、7月、9月、11月和12月召開。投資者需要高度關注這8次會議決議，包含利率決議、公開市場操作決策、經濟預估等。

投資者需要理解聯準會的操作工具、貨幣政策目標及具體指標。

聯準會根據所錨定的指標來調整貨幣政策，進而影響資產價格。投資者需要提前分析指標數據，預判聯準會的政策，投資操作要走在聯準會行動之前。這就是「跟著聯準會做交易」的交易原則。

很多美國投資者相信「聯準會看跌期權」，即美股崩潰之際，聯準會降息釋放流動性救市。反之，則是「聯準會看漲

期權」。對兩個期權的「信仰」，反映了美國投資者長期「跟著聯準會做交易」的經驗。

需要注意「跟著聯準會做交易」的原則並不是「真理」，並不完全有效，因為聯準會也會犯錯，會陷入兩難境地，極端情況下貨幣政策也可能失效。

自2008年開始，央行的貨幣政策對總體經濟和金融市場的影響越來越大，但是每個國家的央行的信用、目標和作用不同，「跟著央行交易」不可能適用於每個國家。

中國人民銀行的貨幣政策的總體目標是「保持貨幣幣值的穩定，並以此促進經濟成長」，具體包括穩定物價、充分就業、經濟成長、平衡國際收支。

中國人民銀行的貨幣政策工具主要有公開市場操作、存款準備金、再貸款與再貼現、利率政策、匯率政策、窗口指導、短期流動性調節工具（SLO）、中期借貸便利（MLF）、常設借貸便利（SLF）等。中國人民銀行主要使用公開市場操作、存款準備金和中期借貸便利（MLF）來調節貨幣供應量。

中國的市場貸款利率是由商業銀行在貸款市場報價利率（LPR）的基礎上加點形成的。貸款市場報價利率（LPR）由全國18家商業銀行在政策性利率（主要是MLF）的基礎上加點形成，由央行授權的全國銀行間同業拆借中心計算並公布。因此，央行可以透過調整MLF來調節LPR，進而影響市場

利率。另外,利率政策、行政命令和政策性銀行對市場利率或某些市場的流動性影響很大。

中國人民銀行雖然對金融市場的影響也很大,但與聯準會有著巨大差異。例如,2008年金融危機後,美中兩國的央行均長期實施寬鬆政策,美股湧現一波牛市,但這種情況並未在中國股票市場上發生,中國只有房地產價格迅速上漲。

在貨幣擴張方式上,聯準會透過量化寬鬆的方式直接將貨幣注入金融市場,推動了股票和債券繁榮;中國人民銀行主要是透過擴張信貸的方式增加貨幣投放。

聯準會的貨幣操作週期決定著美股呈現週期性特徵,「跟著聯準會操作」在美國金融市場上是成立的。中國人民銀行的貨幣政策對股票市場的影響沒有那麼直接,中國股市表現出結構性而非週期性特徵,因此「跟著央行交易」在中國股市上並不成立。

03 美中兩國貨幣政策的差異

自 2021 年底開始,美中兩國的貨幣政策開始相向而行。2021 年 11 月,聯準會啟動縮減購債(Taper),開始減少貨幣投放,為緊縮政策做準備。12 月,中國人民銀行降息,下調 1 年期 LPR 由 0.05％至 3.8％。

2022 年,兩國貨幣政策加速分化。聯準會 3 月開始升

息，5月加速升息，6月和7月連續升息3碼。截止到8月底，聯準會實施了歷史級別的激烈緊縮政策，5個月內升息2.25%，已經達到了上一輪緊縮週期的升息總和，並將聯邦資金利率目標區間上調至2.25%～2.50%。同時，聯準會從6月開始縮表，每月擬減持475億美元資產，9月開始增加到950億美元。

中國人民銀行則實施寬鬆政策，2022年1～8月，總共進行了一次降準，兩次下調政策性利率，三次下調LPR。

4月，下調人民幣存款準備金率0.25個百分點。對沒有跨省經營的城市商業銀行和存款準備金率高於5%的農村商業銀行，在下調存款準備金率0.25個百分點的基礎上，再額外多降0.25個百分點。此次降準釋放長期資金約5,300億人民幣，降準後金融機構加權平均存款準備金率為8.1%。

政策性利率（MLF）1月下降0.1%，8月下降0.1%，合計下降0.2%至2.75%；1年期LPR利率1月下降0.1%，8月下降0.05%，合計下降0.15%至3.65%；5年期及以上LPR利率1月下降0.05%，5月下降0.15%，8月下降0.15%，合計下降0.35%至4.3%。

在實作中，商業銀行的貸款利率下調幅度更大。以個人住房貸款為例，在8月降息後，不少城市的首購房貸利率降至4.1%，主流首購、二次購買房貸利率的均值分別為

◆ 政策取向分析：貨幣與財政應對的分歧

4.3%、5%左右，較 2021 年高點分別回落 1.4%、1%。為什麼實際利率的下滑幅度更大？因為商業銀行的貸款利率是在 LPR 的基礎上加碼計算形成的，加碼就是商業銀行的空間，目前這個空間被壓縮，加點數值比 2021 年高點要低得多。所以，實際利率下降的幅度要比 LPR 大得多。

根據中國人民銀行公布的數據顯示，2022 年 7 月末，廣義貨幣（M2）、狹義貨幣（M1）年增率分別為 12%、6.7%，成長速度分別比上月末高 0.6 個、0.9 個百分點；M2 餘額 257.81 兆元人民幣，M1 餘額 66.18 兆元人民幣。較去年同期來看，M2 成長速度創 6 年新高，M1 創 2021 年 4 月以來新高。

04 美中兩國貨幣政策產生差異的原因

聯準會是全球第一大央行，其實施緊縮政策象徵著全球進入緊縮週期。截止到 2022 年 8 月末，全球主要國家央行已實施緊縮政策，只有日本、中國、土耳其等少數國家央行依然實施寬鬆政策。

為什麼美中兩國貨幣政策不同？

關於全球主要國家央行的貨幣政策，要有兩點基本認知：

一是自 2008 年金融危機後，實施寬鬆政策是常態，如果不是因為通膨或金融風險，全球主要國家央行均不希望實施緊縮的貨幣政策。

二是聯準會的貨幣政策影響著全球金融週期和貨幣政策，如果不是出於本國經濟狀況的需求，多數國家的央行均希望順應全球金融週期。

簡單概括，聯準會實施緊縮政策的目的是對抗劇烈的的通膨，中國人民銀行實施降息政策的主要目的則是穩定經濟盤勢。

(一)聯準會緊縮抗通膨

2021年10月，美國CPI開始飆升。2022年，受能源價格上漲的推動，CPI持續攀升，最終爆發了嚴重的通膨。1～7月，美國CPI年增率分別為7.5%、7.9%、8.5%、8.3%、8.6%、9.1%、8.5%。

美國物價上漲的原因包括兩個方面：一是疫情、戰爭和制裁引發的供給約束；二是貨幣過度發行引發的需求過熱。注意，聯準會認為，抑制需求過熱是貨幣政策的任務，因為他們對供給約束無能為力。

供給約束導致石油、糧食及原材料價格大漲，成本上升推動末端消費商品價格上漲。從能源通膨的數據可以看出，能源價格上漲是CPI上漲的主要原因之一。

2020年疫情全球大流行，聯準會實施無上限量化寬鬆政策，聯邦財政部大規模借債，導致需求持續過熱，引發末端消費商品價格和房地產價格上漲。扣除能源和食品價格的核

◆ 政策取向分析：貨幣與財政應對的分歧

心 PCE 更能夠反映需求。2022 年上半年，核心 PCE 飆升，最高時達到 5.4，創下近 40 年來的新紀錄。從核心 PCE 數據可以看出，需求過熱也是美國 CPI 上漲的主要原因之一。

2021 年，聯準會誤判了總體經濟走勢和通膨情勢。聯準會主席鮑爾認為通膨是暫時的，還存在結構性失業。但是，2022 年，經濟過熱，通膨飆升，房地產價格大漲，就業市場十分火熱。

2022 年，對抗通膨是聯準會的首要目標。從聯準會的目標來看，就業率、通膨率和金融穩定性中通膨目標是首要的，金融穩定性其次，就業目標排在最後。

就業市場的熱絡程度超出了聯準會預期，薪資快速上升，職缺數大增，首次申請失業救濟人數也大幅度下降，失業率在 7 月降至 3.5%，接近歷史最低值。因此，聯準會 2022 年不需要擔心失業，會更關注金融穩定性。

對於金融穩定性，大方向要看基本面，細節上要關注美債殖利率。

大方向上，從 2020 年下半年開始，美國經濟持續復甦。2022 年，美國經濟是否衰退成為總體經濟界的主流話題。較去年同期來看，第一季度 GDP 實際成長 4.3%，第二季度實際成長 2.3%。從季度來看，第一季度下降 1.6%，第二季度下降 0.9%。按照總體經濟的定義，連續兩個季度呈現負成

長,即為經濟衰退。同時,製造業 PMI、服務業 PMI 和消費指數均有所回落。截止到 7 月末,美國經濟可以定義為技術型衰退,尚未波及就業市場,就業市場依然景氣。

2022 年,美國金融市場遭遇股債「雙殺」。從細節上來看,金融穩定性要關注的是美債殖利率飆升,而不是美股下跌。在通膨面前,美股若不出現熔斷,聯準會不會貿然終止緊縮排程。聯準會真正擔心的是美債大跌。當然,美債 2022 年沒有違約風險,其風險要遠遠低於歐債和日債。但是,聯準會擔心美債市場出現類似於 2019 年的流動性坍塌。2022 年,美國 10 年期公債殖利率一度達到 3.49%,創下自 2011 年以來的最高水準。同時,短期與長期公債倒掛是一種風險訊號。美國 10 年期公債殖利率是投資者和聯準會都高度關注的指標。

最後看通膨。毫無疑問,通膨是 2022 年聯準會最關注的目標,也是最艱鉅的任務。

進入 7 月,市場爭論通膨是否見頂。若通膨見頂,聯準會最「鷹」的時刻可能過去。但我們看 7 月的通膨數據:CPI 年增率為 8.5%,上期為 9.1%,預期為 8.7%。這是不是一個通膨見頂的訊號?

通膨率回落的原因是什麼?主要是能源價格下跌。7 月,美國能源價格下跌 4.6%,汽油價格下跌 7.7%。扣除食品和

政策取向分析：貨幣與財政應對的分歧

能源價格因素後，核心通膨率依然居高不下。核心 CPI 年增率持平於 5.9%，較前期成長 0.3%。聯準會最關注的通膨指標，即核心 PCE，依然維持高位。

這說明通膨回落主要靠供給因素，即能源價格下跌；但與聯準會貨幣政策直接相關的需求過熱依然嚴重，核心 PCE 降到 2% 的任務依然艱鉅。所以，抗通膨依然是聯準會首要任務，只是 CPI 緩和可以拓寬聯準會的施展空間。

(二)中國人民銀行降息穩定經濟大盤

2022 年上半年，疫情在中國全國爆發，上海及多地長期防疫管控，工廠停工，物流受阻，總體經濟遭到衝擊。第一季度經濟年增率 4.8%，第二季度下滑到 0.4%。製造業 PMI、失業率、房地產等數據顯示，總體經濟大盤需要貨幣政策支持。

具有更高傳染性的 Omicorn 毒株和更高級別的防疫措施改變了經濟成長的預期，投資和消費信心下降。7 月，經濟未延續 6 月的復甦態勢，各項指標數據均有所回落，其中社會融資大幅度下滑，房地產市場持續不振。

數據顯示，7 月中國的社會融資規模比去年同期減少 3,191 億元人民幣，低於市場預期的 1.39 兆元人民幣。如果扣除票據融資放量操作，7 月企業貸款僅新增 600 億人民幣左右，社會融資增量降到 5,100 多億人民幣。社會融資對於

中國經濟很重要，它是領先指標，決定著後期的經濟數據。

2022年，中國銀行間同業拆借利率持續下滑，進入8月更是加速下跌。這說明銀行間資金富餘，市場融資需求不足。

所以，2022年中國總體經濟政策的主要任務是穩定經濟大盤。上半年，中國央行降準和降息，大規模發行專案債券和投資大規模基礎建設，發表救市政策，目的是穩住經濟大盤。8月，央行降息，降低融資成本，以提振社會融資，改善投資；同時，中國國務院常務會議推出接續政策，追加1兆元人民幣財政資金，試圖扭轉經濟回落的態勢。

不過，我們需要解釋一個資料：消費者物價指數（CPI）。

2022年，中國CPI年增率持續攀升，7月達2.7%。中國人民銀行在《2022年第二季度貨幣政策執行報告》中指出，下半年一些月分CPI漲幅可能階段性突破3%，強調「警惕結構性通膨壓力」。

CPI主要由能源價格上漲和食品價格上漲帶動。上半年，石油、煤炭及原材料價格大漲，推動了PPI飆升，導致與跟能源相關的成品油、交通、食品等價格上漲。下半年，食品價格成為了中國CPI上漲的重要因素。

7月，汽油、柴油和液化石油氣價格較去年同期來看漲幅均有回落；食品價格漲幅比上月上升3.4%，影響CPI上

政策取向分析：貨幣與財政應對的分歧

漲約 1.12%。豬肉、蔬果、雞蛋及食用植物油等皆上漲。

問題來了：一邊是經濟成長較弱，另一邊是 CPI 上升，中國經濟是通縮還是通膨？中國央行要防通膨還是防通縮？

我們再看核心 CPI。扣除食品和能源價格因素後，7 月的核心 CPI 年增率為 0.8%，漲幅比 6 月回落 0.2%，是 2021 年 4 月以來最低。核心 CPI 顯示並沒有通膨風險，需要關注通縮。

所以，CPI 上漲主要是供給端的問題，即能源價格上漲；而扣除食品和能源價格因素的核心 CPI 低迷，說明市場需求不足，需要提振經濟。

結合起來，美中兩國 7 月通膨數據具有誤導性：美國 CPI 有所回落，但核心通膨率居高不下，說明需求依然過熱，聯準會首要任務依然是抗通膨；中國 CPI 上升，但核心通膨率低，說明需求不振，中國人民銀行的主要任務是穩定經濟大盤。

05 美中兩國貨幣政策差異的影響

2022 年，全球金融市場遭遇「雙核」衝擊。「雙核」，即聯準會緊縮政策推動美元大漲，地緣政治危機推動油價大漲，這是 2022 年影響全球經濟的最重要的兩個因素。

(一)聯準會緊縮政策對資產價格的影響

聯準會實施歷史級別的激烈緊縮政策,在全球金融市場上掀起巨浪,資產價格劇烈波動。

美元指數大漲:截止到 2022 年 8 月 26 日,美元指數年內上漲 13%,最高觸及 109.3,創近 20 年新高。

聯準會的激烈緊縮政策是美元指數大漲的直接原因和主要原因。同時,美元指數單邊快速上漲的另一個重要因素是歐元、日圓和英鎊太弱。在美元指數的組成結構中,歐元的權重為 57.6%,日圓為 13.6%,英鎊為 11.9%,這三大貨幣因歐洲地緣政治危機、石油價格上漲和貨幣政策而走弱,反推美元指數大漲。美國是全球唯一的能源、糧食和貨幣出口國,在「雙核」衝擊背景下,它們共同推動美元強勢上漲。

美元大漲及歐洲地緣政治危機促使更多國際資金流入美國,國際投資者拋售股票、債券,增持美元、石油及大宗商品期貨。

非美元貨幣紛紛大跌:截止到 2022 年 8 月 26 日,歐元兌美元年內大跌 12%,跌破 1:1 的平價關卡,創近 20 年新低;英鎊年內大跌 12%,為 1985 年以來的次低;日圓暴跌 15.8%,為 G20 中表現最差的貨幣;離岸人民幣下跌 7%;韓元下跌 11%;泰銖下跌 7.5%;澳::洲元下跌 4%;加拿大元下跌 2.3%。

◆ 政策取向分析：貨幣與財政應對的分歧

相對來說，處於地緣政治危機附近、能源和糧食自給率低、長期實施寬鬆政策的國家的貨幣下跌幅度最大，如歐元、日圓、英鎊。能源出口和糧食出口正常的國家的貨幣下跌幅度較小，如澳洲元、加拿大元。亞洲商品出口國的貨幣價格則處於中間水準。

債券價格大跌：美國 10 年期公債殖利率大漲，短期和長期公債倒掛。美國 10 年公債殖利率在 2022 年 6 月一度觸及 3.5%，8 月 26 日回落到 3.04%，而 2021 年末僅為 1.51%。

緊縮政策導致全球債市動盪。歐洲央行在 2022 年 7 月開始緊縮排程，希臘、義大利、西班牙的 10 年期公債殖利率迅速飆升；日本 10 年期公債殖利率多次挑戰日本央行的目標上限，同時公債期貨遭遇國際機構作空。

總體來說，歐洲公債風險大於日本，日本公債風險大於美國。歐洲公債風險主要是邊緣國家債務風險與歐洲通膨不可調和，牽制了歐洲央行的緊縮政策；日本公債風險來自日本央行長期且堅定實施量化寬鬆政策，這種政策無法在「雙核」衝擊下同時保公債和日圓。美國公債風險主要是流動性風險，主要來自通膨下的緊縮政策。

股票大跌：截至 2022 年 8 月 26 日，道瓊指數年內下跌 8.38%，那斯達克指數下跌 19.21%，標準普爾 500 指數下跌 11.9%，均為 2008 年以來最大的年內跌幅。其中，6 月，聯準會開始縮表，開始激烈升息，三大股指下跌幅度最大。

與通膨、債市風險相比，聯準會對股票下跌保持更大的容忍度。聯準會主席鮑爾求穩，每次緊縮政策後都安撫市場。投資者擔心緊縮政策刺破泡沫，期盼聯準會早日「轉鴿」，但只要不是超預期的壞消息，投資者都解讀為好消息。

房地產：美國房地產市場火爆，投資大增，價格大漲；隨著聯準會激烈升息，借貸利率迅速上升，長期個人住房貸款利率一度觸及6％，投資成本和風險增加，房地產有所降溫，價格有所回落。

出口商品：出口商品價格上漲，主要受美元價格和石油價格上漲推動。通常，美元指數上漲，美國出口商品價格也隨之上漲，同時美國貿易逆差擴大。美國還是石油出口大國，石油出口大增，貿易逆差在4月開始縮小。

其他資產：截至2022年8月26日，布蘭特原油CFD年內上漲27％，最高達139美元；美國小麥CFD年內上漲2.53％，先漲後跌，最高達到1,363美元；紐約黃金CFD年內下跌3.44％，先漲後跌，最高至2,078美元，現破1,800美元；比特幣及數位貨幣大跌，比特幣一度跌破20,000美元。

其他資產價格的漲跌，不完全受聯準會緊縮政策影響，其中比特幣受美元上漲影響較大。原油價格的變化相對複雜一些。6月下旬開始，國際原油價格下跌，一度跌破90美元，主要原因包括：

◆ 政策取向分析：貨幣與財政應對的分歧

一是地緣政治衝突進入相對平穩期，市場逐漸適應壓力，原油價格大漲，供需自動調節；二是聯準會緊縮政策及市場對美國經濟衰退的擔憂。排除戰爭因素，原油價格一定程度上可以反映實體經濟需求，而聯準會的緊縮政策推動市場利率快速提高，投資和消費下降，原油需求下降，價格回落。

(二) 中國人民銀行降息政策對總體經濟的影響

中國人民銀行降息政策對資產價格的影響：

人民幣匯率：截止到2022年8月26日，離岸人民幣下跌7％，最高觸及6.88。美中兩國貨幣政策差異是人民幣走低的直接原因。

根據美元指數與離岸人民幣的相關性分析，美元指數維持在103之上，離岸人民幣下跌到6.8～7區間。

出口商品：人民幣貶值減緩出口商品價格漲勢，刺激商品出口；同時，進口因國際能源及大宗商品價格上漲而減少，貿易順差擴大。

2022年中國商品出口價格有所上漲，主要受國際原油和原材料價格上漲推動。人民幣貶值削減了出口價格，有助於出口增加；同時，歐美國家尤其是歐洲高度通膨，進口廉價商品的需求增加，這刺激了紡織品等廉價商品的出口。貿易順差擴大反過來在一定程度上支撐人民幣匯率的穩定。這就

是國際收支的自動調節機制。

公債價格：中國 10 年期公債殖利率下跌，與美國 10 年期公債殖利率形成倒掛。貨幣政策的背離是導致價格倒掛的主要因素。在開放經濟體中，公債殖利率下降，資本外流增加。不過，中國實施資本管理，公債價格倒掛不是資本外流的主因，但可以作為資本外流壓力增加的訊號。

2022 年上半年，資本流出的規模有所增加，但這個數據無法反映資本流動的全貌。在兩國貨幣政策存在差異的背景下，需要關注資本轉向經常項目。由於資本專案受管理，隨著人民幣貶值壓力增加，資本尋求商品管道出口的動機增強。商品出口額增加，其中可能包含資本專案。

房地產：房地產市場深度下滑，市場信用惡化，融資、投資、銷售、價格、開工、竣工、土地拍賣全面下跌，大型房地產企業債務危機爆發，地方土地財政收入大幅度下滑。

雖然央行實施降息政策，地方政府紛紛「鬆綁」房地產，但是房地產融資持續下降。2022 年 1～7 月，全國房地產開發投資較去年同期下降 6.4%，開發企業到位資金較去年同期下降 25.4%。其中，國內貸款下降 28.4%，自募資金下降 11.4%，定金及預收款下降 37.1%，個人借貸貸款下降 25.2%。

房地產政策在供給端和需求端有所不同：供給端，各類政策限制、債券融資等政策使房地產企業的信貸融資受限；

政策取向分析：貨幣與財政應對的分歧

需求端，個人住房貸款利率快速下降，地方政府大規模「救市」，由政策性銀行提供資金，透過成立紓困基金等政策，確保交屋。央行在信貸政策上試圖限增量、去泡沫，但在利率政策上又去存量、助紓困。

當然，房地產市場形成如此局面，既有貨幣政策的因素，也有總體經濟走弱的因素，還有房地產泡沫過大、整體負債率太高、家庭購買力被透支的因素。

股票價格：寬鬆貨幣政策並未推動股票價格上漲，截至 2022 年 8 月 26 日，上證指數下跌 11%。

聯準會貨幣政策的週期性深刻地影響著美股的週期性，而中國股市受中國央行貨幣政策的影響不如美國明顯，也不具週期性，呈現的更多是結構性。中國央行的貨幣政策更多體現在信貸和政府債券融資上，政府債券融資和信貸注入某些行業，如基礎建設、新能源等，形成結構性市場。

中國人民銀行的貨幣政策對資產價格的影響沒有美國直接，但對總體經濟走勢的影響很大。中國人民銀行的貨幣政策主要透過以下幾個管道來發揮作用：一是貸款利率價格；二是利率及信貸政策；三是財政政策，貨幣政策相當程度上支持財政融資，透過政府債券、城投債、國營企業貸款、大型企業的投放影響總體經濟。所以，貨幣政策支持只是前提，財政政策如何發力才是關鍵。

總結起來，美中兩國貨幣政策的差異，主要基於兩國總體經濟走勢不同、通膨水準不同。但兩者也有關聯性，中國人民銀行很少在聯準會緊縮週期中降息。中國人民銀行的寬鬆操作需要考慮聯準會緊縮的外部壓力，防止人民幣過快貶值。下半年，在人民幣貶值可接受的範圍之內，中國人民銀行實行寬鬆政策的首要任務是穩定經濟大盤。

參考文獻

[1] 中國人民銀行貨幣政策分析小組。2022 年第二季度中國貨幣政策執行報告 [EB/OL]。（2022-08-10）[2022-09-26]。http://www.pbc.gov.cn/zhengcehuobisi/125207/125227/125957/4584071/4628805/index.html。

◆ 政策取向分析：貨幣與財政應對的分歧

財政：
經濟大省挑大梁穩定經濟大盤

主要觀點：2022 年，中國地方財政壓力普遍增大：一邊財政開支擴大，地方負債率上升；另一邊財政收入放緩，賣地收入下跌。為了穩定經濟大盤，政府財政政策發力，增加了專案債券投放和基礎設施投資，但需要關注財政支出連鎖效應和地方負債率的變化。

2022 年 8 月 16 日，中國國務院總理李克強在深圳主持召開經濟大省政府主要負責人經濟形勢座談會時強調：經濟大省要挑起大梁；中國 6 個經濟大省經濟總量占全中國的 45%，是中國經濟發展的「棟梁」；政府要求其中 4 個沿海省份要完成財政上繳任務。[09]

01 經濟成長速度與土地財政

2022 年上半年，中國受疫情相關因素影響，總體經濟成長不及預期，財政收入壓力大；財政投資增加，財政支出和負債率均有所上升。

先看一般公共預算收支帳冊，核心是由稅收所組成。

---

[09] 劉彬。李克強主持召開經濟大省政府主要負責人經濟形勢座談會 [EB/OL]。新華社客戶端，2022-08-16。https://baijiahao.baidu.com/s?id=1741328127960719603&wfr=spider&for=pc。

根據中國財政部資料顯示，2022年上半年，扣除留抵退稅因素後，全中國一般公共預算成長3.3%，按實際數據計算下降10.2%。其中，中央一般公共預算收入扣除留抵退稅因素後成長1.7%，按實際數據計算下降12.7%；地方一般公共預算本級收入扣除留抵退稅因素後成長4.7%，按實際數據計算下降7.9%。[10]

全中國一般公共預算支出比去年同期增加5.9%。

上半年，防疫及衛生健康支出比去年同期增加7.7%。[11]支出用於防疫措施及病毒檢測。

扣除留抵退稅因素，中國一般公共預算收入成長速度低於支出成長速度，單一項目赤字超過2兆人民幣。稅收收入下降拖累了一般公共預算收入。稅收收入中最大的稅種增值稅上半年收入扣除留抵退稅因素後下降0.7%，按實際數據計算下降45.7%。

再看政府性基金預算收支帳冊，核心部分是國有土地使用權出讓收入。

根據中國財政部數據顯示，2022年上半年，全中國的政府性基金預算收入比去年同期下降28.4%。主要看地方，地方政府性基金預算本級收入比去年同期下降29.7%，其中，

---

[10] 中國財政部國庫司。2022年上半年財政收支情況［EB/OL］。中國財政部官網，2022-07-14。http://gks.mof.gov.cn/tongjishuju/202207/t20220714_3827010.htm。

[11] 同上。

政策取向分析：貨幣與財政應對的分歧

國有土地使用權出讓收入比去年同期下降31.4%。[12] 支出方面，政府性基金預算支出比去年同期增加31.5%。地方政府性基金預算相關支出比去年同期增加29.5%，其中，國有土地使用權出讓收入相關支出比去年同期下降6.4%。中國的政府性基金預算收入大降，支出成長速度遠高於收入成長速度，單一項目赤字超過2兆人民幣。

政府性基金支出擴大的原因主要是基建投資增加，而收入下降的原因是房地產市場低迷，政府賣地收入大幅下滑。

2021年開始，房地產市場萎縮，市場信用惡化，大型房地產企業遭遇危機，融資、投資、開工、銷售、交付和土地拍賣等數據全面下滑。

中國國家統計局數據顯示，2022年1～7月，全國房地產開發投資較去年同期下降6.4%；其中，住宅投資下降5.8%。商業住宅售面積較去年同期下降23.1%，其中住宅銷售面積下降27.1%。商業住宅銷售額下降28.8%，其中住宅銷售額下降31.4%。

7月，中國70個大中城市中，新建商品住宅和二手住宅銷售價格下降的城市分別有40個和51個，比上月分別增加2個和3個。

---

[12] 中國財政部預算司。2022年6月地方政府債券發行和債務餘額情況 [EB/OL]。中國財政部官網，2022-07-27。http://yss.mof.gov.cn/zhuantilanmu/dfzgl/sjtj/202207/t20220726_3829548.htm。

中國房地產市場惡化,土地拍賣市場冷清,深受債務和流動性困擾的大型房地產企業購地信心不足。2022年第二季度,一線城市、二線城市、三四線城市流標率分別為4.71%、14.44%、22.86%。三四線城市的流標率上升,溢價率下降。部分城市國有土地使用權出讓收入較去年同期下降超過一半。

中國指數研究院數據資料顯示,2022年上半年全中國推出的住宅用地規劃建築面積較去年同期下降44.3%;成交規劃建築面積較去年同期下降55.6%。住宅用地出讓金較去年同期下降54.91%。購地金額排名前段的企業購地規模較去年同期下降60.0%。

中國城市的土地財政依賴度普遍偏高,賣地收入下降對地方財政衝擊大。2021年,賣地收入超過2,000億人民幣的城市有5個,超過1,000億人民幣的有12個。有13個城市的土地財政依賴度超過100%,其中冠、亞軍均超過140%。

另外,房地產市場低迷降低了土地和房地產相關稅收收入。

2022年上半年,契稅比去年同期下降28%;土地增值稅比去年同期下降7.7%。

2022年上半年,全中國公共預算收支帳冊和政府性基金收支帳冊合計赤字5兆人民幣左右。如何填補財政赤字?

◆ 政策取向分析：貨幣與財政應對的分歧

　　根據年初的中央財政預算安排，主要透過以下幾種方式調節：

　　中國央行向財政部上繳 1.1 兆人民幣的利潤，主要用於支持地方留抵退稅；上期財政結餘轉入；財政調節帳戶劃撥；政府債券。

　　一般債主要用於填補一般公共預算收支差額，專案債券則主要用於填補政府性基金收支差額。2022 年上半年，政府性基金收入大降，支出同時大增，2 萬多億人民幣的赤字主要靠 3 萬多億人民幣的專案債券來支撐。由於專案債券的預先發行，7 月之前基本完成了全年專案債券融資任務。如果房地產市場持續低迷，賣地收入繼續下降，專案債券支撐中國政府性基金赤字的壓力將增加。

　　中國房地產市場低迷對縣級地方政府財政衝擊最大。一些縣級政府稅收收入不多，財政靠賣地收入支撐，如今房地產市場萎靡，縣級房地產庫存位於高水位，大型開發商紛紛出逃。中國指數研究院資料顯示，2022 年上半年，大型房地產開發商投資金額有超過 80% 集中在少數較為發達的城市。

　　專案債券發行主體主要是中國省級政府和經濟特區級城市，短期內一定程度上可以填補省級、市級政府土地出讓金收入減少帶來的缺口，但很難維持縣級的經濟狀況。於是，一些縣級政府想辦法提振房地產市場。

02 大省大梁與地方餘糧

我們接著看 2022 年上半年中國各地財政狀況。中國 31 個省市區一般公共預算收支均為赤字，赤字規模為 5.57 兆人民幣。

不過，這個數據並不能反映地方財政的真實性。1994 年後，中國實施分稅制和轉移支付制度，地方稅收一部分上繳給中央，中央再做轉移支付分配。2016 年全面「營業稅改徵增值稅」後，增值稅上繳 50%，地方留存 50%；企業所得稅與個稅上繳 60%，地方留存 40%。從省市區本級一般公共預算收支來看，絕大部分省分都是赤字。

地方財政赤字主要靠中央轉移支付和地方債務來填補。根據中國財政部公布的資料顯示，2022 年中央對地方轉移支付預計近 9.8 兆人民幣，規模為歷年來最大；上半年轉移支付較去年同期多增 1.5 兆人民幣，成長 18%，增幅為近年來最高。

地方財政淨貢獻更能夠反映地方公共預算的真實收支情況。所謂淨貢獻就是上繳中央稅收數額減去中央轉移支付。2021 年，中國財政淨貢獻的省市只有 8 個，其中廣東省財政淨貢獻位居全國之首，其次分別是上海、浙江、江蘇、北京、山東、天津和福建。而四川、黑龍江、河南、新疆、雲南是中央轉移支付的傳統「大戶」，年轉移支付規模均在

政策取向分析：貨幣與財政應對的分歧

3,000 億人民幣以上，財政淨貢獻均在 -2,000 億人民幣以上。

可見，部分重點地區對中國稅收收入和轉移支付有很大的作用，保住這些地區，相當於穩定中國財政和轉移支付。

2022 年受疫情衝擊，中國財政愈加吃緊，要求經濟大省挑起重擔。不過，經濟大省的財政收入也受到衝擊。實際上，疫情對經濟大省、大城市的影響大於其他地方。上半年，經濟大省財政收入成長速度低於全中國，東部財政收入成長速度又低於西部。

公開資料顯示，2022 年上半年，經濟成長速度前五名均為中西部省分，而上海、廣東、江蘇、浙江的經濟成長速度未超過 2.5%。其中，上海為 -5.7%，經濟大省中只有福建的成長速度達到 4.6%。[13] 經濟成長速度與財政收入成正比，經濟大省的財政成長速度偏低。資料顯示，上半年廣東、浙江、江蘇省一般公共預算收入的實際數字，與去年同期相比下降了大約 6%～17%。

受煤炭等資源價格大漲的刺激，內蒙古、山西、新疆 3 個資源大省財政收入成長速度位列中國前三，而且，成長速度前 10 名省分全部位於中西部地區。不過，西部省分的財政基數低，財政自給難度大。

東南五省市的稅收上繳淨貢獻大，稅收自留比例較低，

---

[13] 中國國家統計局。2022 年二季度及上半年 31 省分 GDP 數據 [EB/OL]。中國國家統計局官網，2022-07-15。http://www.stats.gov.cn/。

尤其是廣東省。除了深圳市外，廣州、佛山、東莞的自留稅收比例都較低。其中，佛山自留稅收占比只有35%，東莞為32%，而重慶、杭州、蘇州、南京、青島等均超過50%。廣州的土地財政依賴度很高，這與其自留稅收占比偏低有關係。

與珠江三角相比，長江三角的自留稅收占比較高，上繳潛力更大。

最後看地方債務。近幾年，中國地方政府債務規模持續上升。

2016年末，中國地方政府債務餘額約15兆人民幣，2021年末是30.47兆人民幣，2022年6月末是34.75兆人民幣。

廣義的債務率的計算公式為（債務餘額＋城投債）／（一般公共預算支出＋政府基金支出），分地區看，2021年末，西南省分和華東大省負債率均較高。

西南地區，除了西藏，貴州、雲南和四川債務率均超過300%，部分地區超過350%。

中部的湖南、湖北和華南的廣西負債率偏高，均超過270%。

華北、東北、西北省分的整體負債率居中間水準，但部分城市債務率較高，超過300%。

◆ 政策取向分析：貨幣與財政應對的分歧

中國的西南地區是中央轉移支付的傳統「大戶」，東北、西北不少省市均無法實現財政自給，債務融資能力不強。一般公共預算收支缺口時常需要靠中央轉移支付來填補。

不過，華東經濟大省的債務率也很高。江蘇廣義的債務率為全中國最高，達到350%，浙江接近300%，福建接近250%，其中許多地區超過300%。

廣東省債務率相對較低，在180%左右。其中，只有珠海超過300%，廣州超過200%，大多數地區在120%之下。

透過以上數據分析可知，許多地區的融資能力不佳，需要受到高度關注。

經濟大省的公共債券發行信用更高、融資能力更強。2022年，專案債券額度向經濟大省傾斜，最高三個省分依次為廣東、山東、浙江，江蘇專案債券額度不及山東一半。而專案債券額度低的省分均為非經濟大省。

通常，與西部相比，中國東部經濟大省的公共債務擴張，更能夠帶動私人投資，引發乘數效果，刺激經濟成長。接下來，我們看具體情況是否如此。

03 乘數效果與地方債務

為了穩住經濟大盤，2022年上半年中國實施了擴張性的財政政策，採用了兩種不同的措施：一是減稅、緩稅、退

稅,挽救市場主體,增強市場活力,在經濟學上此為供給學派之策;二是大規模發行專案債券,投資基礎建設,帶動市場需求,刺激經濟成長,在經濟學上此為凱因斯主義之策。

凱因斯主義的邏輯是財政擴張(伴隨著貨幣擴張和債務擴張)── 公共投資 ── 提振市場信心 ── 乘數效果 ── 經濟復甦 ── 財政收入增加 ── 財政收縮 ── 償還政府債務。假如這個邏輯是有效的,凱因斯主義擴張性財政政策的關鍵就是乘數效果。

所謂乘數效果,是指一個經濟變數的增減所引發的連鎖反應程度。這裡我們看財政支出乘數,財政支出的增加引發就業和國民收入的成倍增加。通常,大城市的財政支出乘數效果更強。假如財政投資增加了3兆,結果經濟成長速度反而下滑、失業率上升,那麼這項財政投資沒有引發乘數效果。

2022年上半年專案債券融資高達3.4兆人民幣,下半年的任務主要是加快投放,「充分利用專案債券限額」。所謂「充分利用」,從凱因斯主義的邏輯來看,就是帶動私人投資和消費,引發乘數效果。我們可以根據乘數效果的思路追蹤經濟走勢。

先看貨幣成長速度。中國人民銀行近期公布的數據顯示,7月末,中國的廣義貨幣(M2)、狹義貨幣(M1)年增率12%、6.7%,成長速度分別比上月末高0.6個、0.9個百分

◆ 政策取向分析：貨幣與財政應對的分歧

點。較去年同期來看，M2成長速度創6年新高，M1創2021年4月以來新高。[14]

銀行間資金有多充足？資料顯示，7月，月均銀行間7天存款類金融機構間的債券回購利率（DR007）和上海銀行間同業隔夜拆放利率（Shibor）分別為1.56%和1.12%，較去年底分別低0.6%和0.68%。8月（截至16日），Shibor進一步下跌到1.07%，創下了近兩年以來的次低。

這說明資金在銀行間打轉，市場融資需求下降，總體經濟數字回落。7月，製造業採購經理人指數（PMI）重回臨界值之下，為49.0%，比上月下降1.2個百分點；社會零售總額較去年同期增加2.7%，比上月回落0.4個百分點；規模以上工業增加值較去年同期增加3.8%，比上月下降0.1個百分點。

或許因為週期太短，貨幣政策和財政政策之間有一定的延遲。不過，我們可以看看社會融資數據。社會融資數據比以上指標更能夠說明問題，這是因為：一是它距離貨幣擴張和財政擴張最近；二是它是一個領先指標，能夠提前預判下半年的經濟走勢；三是它能夠反映財政支出乘數。

7月，中國社會融資規模增量大幅度低於上一月分，同時低於市場預期，亦較去年同期減少。

---

[14] 中國人民銀行。2022年7月金融統計數據報告[EB/OL]。中國人民銀行官網，2022-08-12。http://www.pbc.gov.cn/goutongjiaoliu/113456/113469/4630716/index.html。

我們排除季節性因素，排除 6 月社會融資衝量的因素，7月社會融資增量還是遠低於去年同期和市場預期。

財政擴張依然繼續。7 月政府債券融資較去年同期多增加 2,200 億人民幣。是不是專案債券未投放到位？7 月不少省級政府發表了加快專案債券投放和工程進度的政策，固定資產投資的數據也支持了這一點。7 月基建投資較去年同期增加 11.5%，帶動整體固定資產投資約 2.6 個百分點。

廣義貨幣高成長，財政政策也發揮作用，社會融資卻不及預期，說明了什麼問題？

說明市場融資需求下降，資產負債表衰退。貨幣和財政大舉擴張，但個人、企業、地方政府跟進意願不足，乘數效果尚未顯現。

拆開來看，主要拖累中國社會融資的是貸款。7 月人民幣貸款較去年同期增加減少約 4 億人民幣，大幅低於市場預期。

另外，企業債券淨融資與去年同期相比減少 2,357 億人民幣。房屋貸款增加率比去年同期少增加 2,842 億人民幣，中長期貸款增加率也較上期及去年同期少。[15]

短期貸款減少，說明消費貸款和短期小額貸款需求低

---

[15] 中國人民銀行。2022 年 7 月社會融資規模增量統計數據報告 [EB/OL]。中國人民銀行官網，2022-08-12。http://www.pbc.gov.cn/goutongjiaoliu/113456/113469/4630722/index.html。

◆ **政策取向分析：貨幣與財政應對的分歧**

迷，有提前還貸現象。住戶中長期貸款主要是住房借貸貸款，該項貸款年增、季增皆大規模下降。1～7月，定金及預收款及個人借貸貸款皆下降。個人借貸貸款下降與住戶中長期貸款增量萎縮相吻合。各地方政府大規模實施救市政策效果有限，7月集體強制停貸危機進一步打擊了市場信用和投資信心。

再看企業貸款。企業貸款較去年同期增加減少了1,457億人民幣。相較於6月中長期貸款，7月的貸款新增規模下滑明顯。

短期貸款減量與中長期貸款增量幾乎相抵，7月企業貸款增量主要靠票據融資支撐。企業票據融資較去年同期多增加近一倍。為何2022年7月票據融資成倍增加？7月末，3M、6M和1Y品種利率均跌破1%，說明銀行在最後一兩天使用票據融資衝量的力道很大。

如果扣除衝量因素，7月企業貸款新增與社會融資增量都不多，說明了企業貸款需求低迷，市場跟進投資不足。

固定資產投資數據直接反映了這個問題。7月固定資產投資成長速度較上月下滑2.2個百分點。在三大項中，基建投資相較去年同期高成長，製造業投資較上月下滑2.3個百分點，房地產投資持續低迷。7月房地產投資規模較上月的下降了5,000億人民幣左右。

如果把時間拉長一點，則可以直觀地看到：公共投資高成長、社會投資跟進不足。2022年1～7月，中國固定資產投資較去年同期增加。國有控股投資、民間投資、基礎建設投資等有所成長，而外商投資則是下降的。

1～7月，中國經濟大省專案債券融資高、公共投入也多，但是從經濟成長速度和財政收入成長速度來看，乘數效果並不明顯，發達地區私人投資跟進不足。

除了私人投資，公共投資跟進意願也不足，尤其是基層政府投資。省級政府融資看專案債券，基層政府融資主要看城投債。資料顯示，2022年1～7月，中國城投債實際發行規模較去年同期下降6.96%，7月城投債淨融資較去年同期下降。截止到8月17日，前7個月發行的城投債當期票面利率低於2%的支數大量增加。這種現象只在2020年疫情爆發期間出現過。

中國基層政府的投資跟進力度不足，原因是多方面的：地方負債率過高，財政擴張能力受限；清理地方隱性債務，城投債發行難度增加；房地產市場低迷，土地財政收入大幅下滑，抵押資產價格大跌。

如何才能提振個人、企業和基層投資的信心？如何激發乘數效果？

2022年8月15日，中國人民銀行突然降息。當日，中

◆ 政策取向分析：貨幣與財政應對的分歧

國人民銀行進行了 4,000 億人民幣的一年期中期借貸便利操作（MLF）和 20 億人民幣的 7 天期逆回購操作（OMO）。其中，一年期 MLF 得標利率為 2.75％，OMO 得標利率為 2.00％，均較上期下降 0.1％。

通常，政策性利率下調，銀行融資成本下降，市場貸款利率也隨之下降，預計 8 月中國貸款市場報價利率（LPR）將下降。中國人民銀行此舉試圖降低市場融資成本，刺激社會融資需求。

我們更需要關注總中國體經濟政策的效果，分析為什麼乘數效果不及預期。原因可能是多方面的：2022 年高度流行的疫情和高級別的措施改變了市場預期，投資和消費信心轉弱，這是直接原因；凱因斯主義的財政擴張邏輯並不可靠，公共投資呈現邊際遞減態勢，中國的公共債務持續攀升，這是根本原因；另外，房地產市場難以復甦，也是一大因素。

總之，在制定財政擴張的政策時，需要關注乘數效果的變化，以及這種變化帶來的其他壓力。

實體經濟變革：
製造業升級與地方振興

　　作為全球製造業大國，中國立足於實體經濟，大力投資製造業及基礎設施以支持全球性的產能輸出。

　　未來，如何突破技術瓶頸、實現製造業技術更新，如何更有效地投資新型基礎設施建設，如何平衡區域經濟發展，如何化解房地產泡沫、走出困境，是實體經濟轉型與持續發展的重要課題。

◆ 實體經濟變革：製造業升級與地方振興

如何破解晶片難題？

　　主要觀點：後進國家往往帶著趕上先進國家的強烈衝動參與國際競爭，而大企業和政府大規模投資尖端技術似乎是實現國家趕上目標的捷徑。近幾年，國際政治局勢動盪，一些人表達了對星辰大海的強烈渴望，以及對網路大廠不追求尖端技術的不悅。但從經濟學的角度來看，技術革新是市場穩定與持續繁榮的前提條件；政府在公共教育與基礎科學方面的持續投入，以及發達的消費市場與充分的社會投資，則是技術進步的必要條件。

01 大國技術的渴望

　　不少人指責阿里巴巴、騰訊等網路大廠只在涉及吃喝玩樂的消費市場上賺錢，不願意大規模投資晶片、作業系統等尖端技術。

　　如此下去，中國消費市場和網路企業將一直為美國科技企業作嫁衣，尖端技術不容易突破。

　　經濟學中有一種理論似乎支持這種說法。美國經濟學家威廉‧鮑莫爾（William Baumol）在 1967 年發表了一篇論文《非平衡成長的總體經濟學：城市危機剖析》(*Macroeconomics of Unbalanced Growth: The anatomy of urban crisis*)，在論文

中將總體經濟劃分為兩個部門：一是生產效率高的「進步產業」，如製造業、現代農業等；二是生產效率低的「停滯產業」，如教育、餐飲、旅遊、表演等服務業。

鮑莫爾指出，生產效率高的部門，員工越來越少，勞動薪資下降。比如受摩爾定律驅使，手機技術快速更新換代，成本不斷下降。

而生產效率低的部門，員工需求量大，薪資成本越來越高。比如，三百年前的莫札特四重奏由四個人演奏，三百年後依然需要四個人演奏，勞動者數量一樣，技術可能更差，薪資卻更高。

這樣下去，會產生什麼問題？當進步產業的經濟產值占比越來越低，停滯產業的經濟產值占比越來越高，勞動力成本越來越高，效率越來越低時，經濟最終趨於停滯。這就是鮑莫爾現象。

如果鮑莫爾現象這一稅法成立，那麼一些人的擔憂就是對的 —— 應該將更多資源投入製造業、科技領域，避免產業空洞化、金融化，盡量少投資服務業和金融業。他們甚至主張政府主導投資尖端科技，以引爆一場技術革命。

「二戰」時期，美國政府迫於戰爭需求，組織資源集中開發出大量新技術，比如航空航天、核能、飛彈、電腦、網路等。

「二戰」後的技術革命就是由這些軍用技術民用化驅動的，如化肥中的氮原本是「二戰」中炸藥的主要成分。「二戰」後，軍用的氮和硝酸鹽生產工藝民用化，農業化肥技術突飛猛進。

矽谷半導體產業的興起也與美國國防部有著密切關係。「二戰」期間，德州儀器的前身 GSI 為美國軍用訊號公司和美國海軍製造電子設備。1954 年德州儀器生產了第一顆用矽做成的電晶體，當時它的主要買方還是美國國防部門。

不得不承認，「二戰」時期國家組織和推動的技術創新幾乎主導了戰後半個世紀的產業技術方向。

該如何解釋以上現象？

(一) 網路大廠為何不投資尖端技術？

美中網路格局差異顯著，美國網路企業習慣於縱向延伸、垂直整合，中國網路企業則傾向於在終端市場橫向整合，並形成幾大消費大廠。這種差異受很多因素影響：

首先，兩國監管法律不同，在美國，整合消費市場容易遭受反壟斷調查，企業不得不投向垂直領域；在中國，網路企業受巨大的消費人口紅利（大數據紅利）驅動而反覆角逐終端市場，然而政府近幾年開始強化使用者資料方面的監管。

其次，兩國人力資本與金融市場不同，美國擁有高科技人才和廉價資本優勢；中國的股權類融資市場占比相對

較小，高風險的技術投資主要依賴於跨國投資和國際資金市場。

最後，兩國市場準入政策不同，在中國，一些上游或縱向領域的準入門檻高，買方優勢明顯，這降低了企業進入的意願，如亞馬遜從電商延伸到上游的低軌衛星和無人機配送，而京東卻難以進入這些領域。

(二)鮑莫爾現象是否真實存在？

從經濟學的角度來看，定義進步產業和停滯產業是違背經濟規律的，市場上不存在絕對的進步產業或停滯產業。當一個產業效率下降、無利可圖時，資本和人才會流出，而當這個產業效益提升時，資本和人才會進入。一個產業，即便是服務業，如果人才和資本持續進入，就說明它有效率、有效益。

如果鮑莫爾現象真的存在，蘇聯的計劃經濟是對的，美國這種自由經濟最終會走向停滯。可事實上，「二戰」以後的美國，製造業占比越來越低，服務業占比越來越大，勞動力的成本越來越高；但是，美國的經濟並沒有走向停滯，技術的全球領先程度遠超「二戰」之前，它的現代服務業，如金融、會計、律師、航運等，反而大大促進了技術進步。可見，鮑莫爾這種上帝視角不可取，投資現代服務業同樣可以帶來效率。

(三)公共投資是否可以一勞永逸？

首先，公共投資有一定的效率，大規模的密集投資定然會帶來技術創新。但不可否認，其中也會存在一定的問題。公共部門的非競爭性引致投資效率降低，同時會產生排擠效應。另外，假如大規模公共投資依賴於過度徵稅，會扭曲利率抑制私人投資；如依賴於過度借債，扭曲市場價格，容易引發債務風險或通膨風險。

其次，一個地方獲益，另一個地方則受損。法國經濟學家巴斯夏（Claude-Frédéric Bastiat）曾提出非常著名的「看得見的和看不見的」理論。「二戰」時期，參戰國政府大規模借債投資戰爭武器及技術，但民生慘澹，有巨大的「看不見的」損失。當然，這在當時是無奈之舉，戰後極少國家能夠再集中資源行事。不過，蘇聯繼續實施計劃經濟，這種集中決策的技術實驗成本極高。當年，蘇聯的官僚們認為電晶體無法抵禦核戰中強大的電磁脈衝，從而選擇了受干擾較小的電子管，這讓蘇聯錯失了電晶體這條賽道。如今，電池技術路線有三元鋰電池、磷酸鐵鋰電池、氫燃料電池等，應鼓勵各類技術企業去探索不同技術路線的可行性。

最後，「二戰」時期以及戰後的密集技術創新主要來自通用、貝爾實驗室等私人企業。美國政府則主要扮演買家和組織者的角色，而不是直接投資者和生產者。

02 消費福利的邏輯

現實中,我們找不到一個生活物資匱乏、技術卻領先的國家。

相反,我們很容易看到,吃住行遊購娛繁榮的國家,技術往往比較先進;世界頂級的消費大國,往往是技術強國。美國、英國、法國、韓國、日本是娛樂大國、消費大國,也是技術強國。

那麼,在邏輯上,如何解釋消費大國與技術強國之間的關係?

伊隆・馬斯克(Elon Musk)是這個時代星辰大海裡的航海家,他最近在推特上表示,已經將自己的大腦上傳到雲端,並已經與自己的虛擬版本交談過。這是怎麼回事?

人機交換是前景可期又充滿未知的技術。馬斯克的神經網路科技公司 Neuralink 正在開發大腦與機器的連接技術,這個設備試圖將人的意念輸入網路,人可以透過思考來控制電腦和手機。馬斯克的想法並非無中生有,他曾表示這項技術可以幫助癱瘓的人透過腦波使用手機。除此之外,人可以用腦波玩遊戲、駕駛汽車、發射火箭⋯⋯爆炸性的需求情境正在激勵企業家、神經網路科學家與電腦工程師打通人類與機器的界限。

(一)吃喝玩樂為尖端科技提供消費情境，
驅使企業家與工程師持續創新

1960、1970年代，日本電子產業興起，數位相機風靡全球。

當時日本的數位相機是一種大眾的成人「玩具」，在國際市場上屬於廉價商品。它有一個別稱叫「傻瓜」相機，但正是這個「傻瓜」相機推動了日本光學及相關材料技術的進步，這些技術今天仍被運用到半導體及光刻機中。

光刻機的原理和照相機一樣，都是透過曝光的方式把設計好的晶片電路圖成像在塗了光阻劑的矽晶圓上，最後用光來雕刻晶片電路圖。雖然索尼、尼康和佳能被後來居上的荷蘭ASML超越，但是日本在半導體產業中依然占有一席之地。

日本已經成為全球最大的半導體材料輸出國，在光阻劑、矽晶圓等14種重要材料上，占據了全球超50%的市場占有率。同時，日本的半導體生產設備也令人矚目。在國際半導體設備公司排行榜前15名中，來自日本的企業便占據了8席。

可見，吃喝玩樂等大眾消費為技術不斷更新和基礎科學普及化提供了消費情境。這一點從電子遊戲的發展過程中也能看到。「二戰」後，電子遊戲作為公共部門的技術研

專案，技術進步緩慢。1961 年第一款非研究屬性的電子遊戲——Spacewar（太空戰爭）問世。這種人機互動的遊戲快速流行於各大大學和科學研究院所。1972 年第一款家用遊戲機出現，爆炸性的市場需求刺激電子遊戲一日千里。如今，網路遊戲替代電子遊戲成為日常娛樂方式之一。

網路遊戲極大地促進了網路技術的更新——這被其娛樂性與道德情感所掩蓋。筆者選擇使用中國科學院研究團隊釋出的報告——《遊戲技術——數實融合程式中的技術新集群》來說明。這份報告羅列了網路遊戲中所包含的各項技術，如虛擬人技術、遊戲引擎技術、遊戲 AI 技術、雲端遊戲技術，還有算力開發、晶片運算、機器學習、大數據分析、影像渲染、多元交互系統等。

例如，影像渲染。大型網路遊戲需要高效能影像晶片，而強大的影像晶片技術是工業網路的基礎技術。2021 年 4 月，在輝達 GPU 技術大會上，「假黃仁勳」騙過了所有人的眼睛。輝達披露，從黃仁勳到廚房的各個細節，都是渲染出來的。老黃做了一次超級行銷，也為元宇宙工業應用場景開啟了想像空間。

「2020 年遊戲技術對中國晶片產業的技術進步貢獻率大約為 14.9%；對於 5G 和 XR（VR／AR），遊戲技術的科技貢獻率分別達 46.3% 和 71.6%。」[16]

---

[16] 中國科學院自然史所王彥雨課題組。遊戲技術—數實融合程式中的技術新集

再如，多元互交網路。1974 年的電子遊戲 Spasim 最多只能支援 32 名玩家同時上線，而如今的遊戲同時線上人數可以達到上萬人。這種大量線上互交與合作網路技術可能會廣泛運用於未來的智慧城市和分散式協同作戰之中。

從經濟學的角度來看，市場需求與競爭機制刺激企業創新技術，也就是說，衣食住行等大量的需求促進了廣泛的技術創新。吃喝玩樂與尖端科技互為一體，玉米中的基因改造種子、建築中的特用鋼鐵、汽車中的智慧駕駛、日用品中的化學原料、眼鏡中的鏡片、網路遊戲中的演算法，都是尖端科技。大眾消費需求的不斷提升促進了廣泛的技術進步。

(二) 極限需求催生極致技術，激勵人類探索最尖端的技術

在保留農耕文化傳統的地區，人們對極限運動的接受程度低。極限運動代表著人類追求極致的意志和探索未知的勇氣，如果沒有飛翔的夢想，沒有飛翔的勇氣，就不會有飛機，不會有宇宙探索。

極限運動帶來極限技術：國際賽車的汽車技術普遍領先家用汽車 5～10 年；美國四大運動賽事是全美骨傷科先進治療方案的大客戶；100 公尺賽跑運動員的跑鞋和游泳運動員的泳衣使用了先進的化學材料及技術。

在日常生活中，越高的需求越需要尖端科技來滿足：閉

群報告 [R]。2022-06。

著眼睛開車的需求催生無人駕駛；追求精緻面容的行動催生微創手術；殘疾人跑步的渴望推動醫療器械技術進步。所以，大眾越富有、越享受，技術越發達。

(三)消費競爭增進人的創造力，持續改善人的社會福利

從經濟學的角度來看，消費的本質是對人的投資，消費規模越大、消費比重越大，對人的投資越大，人的創造力越強。這就是消費大國往往是技術大國的原因。

實際上，經濟是一個相互促進的系統，有效的供給滿足有效的需求，進而創造有效的供給。例如：融資市場促進晶片技術創新，適度的遊戲和音樂讓人放鬆，促進人的靈感與創造力。

有人可能會反問：天天吃喝打遊戲也能促進技術創新？

消費是對人的投資，有收益，也有風險；有競爭，也有淘汰。

過度沉迷遊戲、暴飲暴食的消費行為會帶來風險，甚至被市場淘汰。奶粉消費需要政府監管，防範毒奶粉；房屋預售需要監管，防範開發商和銀行違規；遊戲消費也要監管，防範渲染暴力、資料侵權和少兒沉迷。尤其是針對少兒沉迷，會建議政府採取遊戲分級制度保護少兒健康。

在龐大的自由消費市場中，消費的競爭與淘汰回饋機制可以最大化提升消費邊際效用，即消費的投資報酬率。這種

消費競爭的邏輯促使人在消費中獲得更多的成長性和創造性。筆者反覆建議政府將更多的資源投入家庭中，改善家庭消費，減少基礎建設專案的投資。其實，經濟成長不過是手段，目的是增進個人的消費福利。

那麼，繁榮的消費能否促進國家集體行動目標的達成？

03 星辰大海的入口

作為一個組織，國家確實有其集體行動的目標與能力。一個國家一旦面臨一場戰爭，如果沒有足夠強大的軍事技術，足夠雄厚的經濟與財政力量，可能會陷入亡國的悲慘境地。這是國家主義者支持核心技術國家化的理由之一。

不過，美國當年贏得「二戰」靠的是美國龐大的工業生產能力，當時通用汽車等私人企業搖身一變成為武器製造廠。可見，強大的戰爭統籌能力是建立在繁榮的市場與發達的工業基礎之上的。

這是國家達成集體行動目標的關鍵。

我們可以從三個方面來思考個體技術與國家目標之間的關係：

(一) 擴展秩序促進集體行動

正如海耶克所說，現代社會的發展取決於擴展秩序。語言、市場、貨幣、習俗都屬於擴展秩序。擴展秩序是一個自

發自生的秩序,它不是一個人決定的,而是個體之間經過長期的磨合、選擇和交易形成的。一個市場,不管是晶片、衛星、工業軟體,還是房地產、金融、遊戲,都不是一個人創造出來的,而是每一個個體共同參與的結果。

擴展秩序還是一個分工合作的概念,分工合作的組織越龐大,技術越精細。擴展秩序越龐大越好,市場規模越龐大、分工越精細,對國家集體行動能力的提升與目標的達成越有利。

在星辰大海中,龐大的消費市場是無數繁星,培育人的才能的多樣性,刺激技術星火燎原。發達的金融市場是星空裡的銀河,為高風險、長週期的技術專案提供一輪又一輪的融資。

資本規模越大,技術分工越精細。過去,網路及眾多私人技術投資,是創業者、消費市場與國際金融市場分工合作的結果。國際風險投資為網路專案提供多輪融資,專案成熟後到國際股票市場進行上市,由股票投資者繼續投資。對網路及眾多私人技術來說,這條國際合作鏈條猶如生命線。

如今,分散式合作作戰網路與無人機武器為各國決策者描繪了未來的戰爭圖景。分散式運算、加密技術、人工智慧、大數據技術均是決定未來戰爭勝負的關鍵技術。

創新的無人機可能是遊戲性消費品,但這種娛樂需求可以促進技術進步,為工業級別、軍事級別的無人機提供技術

支撐。叫車、外送系統是複雜合作系統,這些系統所累積的加密、大數據技術及人才是將來的分散式合作作戰網路不可或缺的。

更何況,戰爭及安全防禦只是國家目標的一部分,而國家更為廣泛的公共財的滿足,依賴於龐大的消費市場及其先進的技術。

例如,網路技術能夠為國民教育和醫療提供線上解決方案;又如,資訊類的基礎建設中使用大量的私人資產和技術,智慧城市交通、工業網路等都在此列。

(二)複雜系統突破國家能力

擴展秩序是一個複雜系統,技術創新也是一個複雜系統。現代技術是一個個高階次、多回路和非線性的複雜系統,甚至充滿混沌和不確定性。如今,任何一項革命性的產品,如智慧型手機、無人駕駛汽車、光刻機等,都是眾多先進技術的複雜集合。

一臺光刻機有10萬個零組件,涉及物理學、光學、數學、流體力學、表面物理、化學、自動化、精密儀器等。只掌握一兩項技術或關鍵環節是不能具備製造高階光刻機的能力的。

過去一段時間,微笑曲線理論誤導了很多人,他們據此認為,製造企業應該向品牌、設計兩端延伸,擺脫低利潤

的製造環節。其實,從原材料勘探、開採、加工、物流、組裝、測試到銷售、售後,每一個環節都深藏著巨大的技術潛力。

比如,1970、1980年代開始,半導體產業鏈逐步實現全球精細分工與合作。如今,處於製造環節的台積電憑藉強大的製造能力名震天下,日本半導體企業在原材料環節占據著統治地位,荷蘭光刻機、美國晶片設計均透過創新來創造利潤和獲得行業話語權。即便「家裡有礦」,尋礦需要技術,採礦也需要技術。美國私人技術公司引爆的頁岩氣革命促使美國從能源進口國轉變為能源出口國。

又如消費端。銷售被認為是技術含量低的工作。實際上,沃爾瑪的供應鏈技術、亞馬遜的低軌衛星技術都是非常領先的技術,遊戲、外送、叫車平臺等消費端的複雜系統均運用了領先的大數據和雲端運算技術。未來,這些複雜系統不斷進步,將進入人工智慧、深度學習、無人機網路等領域。

如今,複雜系統的技術創新遠遠超出了一個公司、一個政府、一個國家的資源配置能力。那麼,如何才能獲得全球頂級技術?

市場擴展秩序與技術複雜系統是相輔相成,國際市場是一個更大的擴展秩序,催生更加精細的技術分工和更複雜的技術密度。

亞當斯密（Adam Smith）認為，市場規模越大，分工越精細。新加坡、荷蘭這類國家更願意融入全球化，透過參與國際分工來提升技術水準，而大國因可自成市場體系而易封閉，但這種封閉市場的技術分工程度在邏輯上要低於國際市場。斯密定律表達了一個基本邏輯：全球頂級的技術只誕生於國際市場之中；只有深度融入全球化、參與國際分工才能獲得頂級技術。

有人提出疑問：如何應對他國的技術封鎖？其實，當前的挑戰都不是問題，只要做好這四個字：改革開放。

(三)多元文化孕育星辰大海

比特幣是一種由加密龐克族運動誕生的創造。1970年代，一群技術狂熱者以加密技術為手段發起了一場反對一切政府規則的無政府主義運動。比特幣最早只是一種流行於加密龐克族圈的分散式「遊戲」。在最初的幾年，工程師們樂於奉獻出自己的CPU算力去「挖礦」，設計者中本聰給予第一個解出資料散裂函數的「礦工」50比特幣作為獎勵，而當時的比特幣只是一種沒有任何價值的積分。就這樣，一個個技術玩家「無償」加入，共同建構了一個點對點加密的分散式網路。這種網路後來被稱為區塊鏈。

這群看似荒誕不經的無政府主義者，身上帶著桀驁不馴與理想主義，卻極大地推進了加密技術、分散式計算和共識

演算法的進步。

其中多元文化為他們提供了試驗場。

如今，人們暢想的是加密技術、人機交互等技術將人類推入元宇宙。元宇宙充滿著更多未知的可能性，而這種多元文化恰恰是星辰大海的靈魂。

在國際上，多元文化更加寬容、更易合作，而統一性導致狹隘、極端與衝突。一個優秀的民族需擺脫急功近利與浮躁浮誇，拋棄上帝思維和父愛主義，設法保持寬容與不斷嘗試的心態融入世界。

多元文化、擴展秩序、複雜系統三位一體，多元文化培育多樣化的市場秩序，進而促進技術分工和生成複雜系統，它們共同造就人的才能的多樣性，而人的才能的多樣性是一切創造的泉源。

個體才能的多樣性，是星辰大海的入口，是文明的起源。

參考文獻

[1] 弗里德里希·馮·海耶克。自由秩序原理[M]。鄧正來，譯。北京：生活·讀書·新知三聯書店，1997。

[2] 亞當斯密。國富論[M]。郭大力，王亞南，譯。北京：譯林出版社，2011。

◆ 實體經濟變革：製造業升級與地方振興

如何投資新型基建？

主要觀點：基建投資是穩住經濟大盤的重要投資，新型基建投資是建立在長遠預期基礎上的公共投入。新型基建的投資效率更依賴於市場的競爭，以及市場所提供的密集的技術創新。

01 公共財

何謂中國說的新型基建（以下簡稱「新基建」）？

新基建，有別於工業基礎「鐵公基」（鐵路、公路、機場、港口），是指資訊時代的基礎設施。

一般認為，新基建包括5G基礎建設、物聯網、資料中心、新型燃料等的基礎設施。

COVID-19疫情挑戰了公共衛生系統。公共衛生的基礎設施建設必須要被強化，包括公共衛生制度改革，公共衛生物資儲備，生物醫藥的基礎研究，如疫苗技術、病原檢測技術、醫療物資供應鏈、醫療智慧化設備、隔離病房服務機器人。

討論新基建時，需要釐清的第一個問題是：新基建是公共財，還是產業投資？

基建應該是公共財，而不是產業投資。

以 5G 為例，5G 的產業網路覆蓋規劃、裝置材料、設備網路、終端營運以及市場應用。政府需要投資的 5G「基礎建設」，主要指網路規劃、基地臺、光纖電纜以及晶片等基礎科學研究，這些屬於公共財的範疇，而終端營運、5G 手機、絕大多數裝置材料和設備屬於產業投資、私人用品。如今，政府確實開始著手 5G 的基礎設施建設，如基地臺投入，但有些方面還有待跟進，比如基礎科學研究。

例如，有科技大廠的 5G 技術研究來自於一位美國麻省理工學院電氣工程專業博士所提出的新型編碼方式，但從理論到技術應用還有很長的距離，需要經過大量與長時間的研究，此時就需要政府的資金與技術資源。

技術研發和產品開發是企業的強項，基礎教育和基礎科學研究的投入是政府的任務，二者既有連結，也有區別。如果政府替代市場做技術研發和產品開發，會降低投資效率，私人用品會被公共財替代，可能出現「公地悲劇」。

如何界定公共財和私人用品？

「公共財」的概念，最早是由瑞典經濟學家艾瑞克·林達爾（Erik Lindahl）在其博士論文《公平的賦稅》（1919 年）中提出來的。

1954 年，美國經濟學家保羅·薩繆森（Paul Samuelson）發表了一篇著名的論文《公共支出的理論》。薩繆森在文中為公共財賦予了嚴格的定義，即「每個人對這種物品的消費，

並不會減少任何個人對它的消費」。這種邊際成本為零的物品被薩繆森稱為「集體消費產品」，即公共財。他舉了一些例子，如社會的和平與安全、國防、法律、空氣汙染控制、防火、路燈、天氣預報和公播電視等。

但是，這種嚴格定義下的純公共財其實是很少的。比如，公路屬於公共財，但也會出現塞車的時候，這就產生了排他性，並不符合薩繆森所說的「不會減少任何個人對它的消費」。

所以，我們通常所說的公共財，多數是指準公共財，也就是詹姆斯·布坎南（James Buchanan）的非純公共財、約拉姆·巴澤爾（Yoram Barzel）的混合財。比如公路、機場、公園、自來水、教育、網路服務、公共衛生等。

公共財和私人用品的區別在非排他性（非競爭性）上。簡單理解就是，私人用品屬個人所有，別人不能占有，誰付款、誰受益；公共財為公共產權，人人可「分一杯羹」。

為什麼公共部門應該負責投資公共財，而不是私人用品？

公共財的非排他性，導致市場在公共財供給上是無效率的。因此，公共財主要是由政府來提供的（當然也有私人提供的），政府需要投資的是司法、教育、公共衛生等公共財，不僅僅是基礎建設。

燈塔，是經濟學中一個經典的公共財案例。

西元 1848 年，英國經濟學家約翰・彌爾 (John Mill) 在其《政治經濟學原理》(*Principles Of Political Economy*) 中分析了燈塔問題：「雖然海洋中的船隻可以從燈塔的指引而得益，但若要向他們收取費用，就辦不到。除非政府用強迫抽稅的辦法，否則燈塔就會無利可圖，以致無人建造」。船隻使用燈塔類似於「鑿壁偷光」，會遭遇收費難題，導致交易成本出奇的高，自由市場無法形成，需要政府來建造燈塔。這樣公共財就誕生了。

古典主義先驅大衛・休謨 (David Hume) 在《人性論》(*A Treatise of Human Nature*) 中已注意到交易成本中的協商成本問題：

如果要排除一片（公共）草地中的積水，兩個彼此了解的鄰居好協商，但若 1,000 個人協商那就難辦了，「每個人都在尋找藉口，使自己省卻麻煩和開支，而把全部負擔加在他人身上」。

休謨的辦法是交給政府，「政治社會就容易補救這些弊病」。

在公共財上，政府比市場有效率，但在私人用品上，卻恰恰相反。由於資訊分散，政府不能替代市場來支配所有的資源，滿足所有人的多樣化需求。

所以，在投資新基建之前，釐清公共財和私人財產的界限是非常有必要的，這樣才能做到「凱薩的歸凱薩，市場的歸市場」，各取所需，發揮所長。

以新能源為例，新能源汽車充電樁屬於基礎建設，它是政府需要投入的公共財。

雖然日本政府在2017年釋出了「氫能源基本策略」，但日本對新能源的探索是大型企業先行的。在經過豐田等企業的技術探索和商業論證後，政府才確定這一策略。

日本政府的作用是什麼？

日本政府的主要職責是「重點推進可大量生產、運輸氫的全球性供應鏈建設」，將氫能加氣站從2021年的100所擴建至900所。

要知道，加氫站基礎設施投入比普通充電站多得多。

日本被認為是實施產業政策最成功的國家，但如今日本政府投資產業卻極為謹慎。東京大學小宮隆太郎教授聚集了一批經濟學家反思日本產業政策成敗得失，並出版了《日本的產業政策》一書。小宮隆太郎主張，政府應該聚焦於市場容易失靈的「關於產業的一般基礎設施，包括工業用地，產業用的公路、港口，工業用水和供電等」。

政府的主要任務是建設基礎設施，同時打破行政性壟斷，降低進入門檻，引進特斯拉等競爭性企業，讓私人企業

可以造車,發揮鯰魚效應,透過市場競爭提升技術和銷量。

　　政府與市場最好的結合點就是契約,即市場納稅,政府用稅收提供公共財。公共財的作用就是降低交易成本,促進市場繁榮,進而使政府獲得更多稅收,提供更完善的公共財。

02 公地悲劇

　　釐清第一個問題後,我們再看第二個問題:應該投資哪些公共財,是新的基礎建設,還是舊的基礎建設?

　　2020 年的公開資訊顯示,中國 13 個省市的基礎建設投資專案金額達 34 兆人民幣。其中,老基建和新基建分別有多少?

　　根據研究報告指出:在總投資規模為 17.6 兆人民幣的存量 PPP 專案中,以鐵路、公路、港口、碼頭、機場、隧道等為主,占比接近 41%。

　　排在第二位的是房地產、土地儲備相關專案,規模占比 20% 左右。

　　而資訊網路建設、光電、充電樁、生質能、智慧城市、科技等占比只有 0.5%。類新基建專案占比 14.7% 左右。二者加總占比不過 15% 左右。

　　另外,疫情之下,人們關注的醫療衛生僅占比 1.7%。

一些中國經濟學家意識到傳統基建投資的低效率、過剩，呼籲擴大投入。中國的傳統基建到底是否過剩？是否有必要大規模投資新基建？

這個問題不好回答，但是有兩個數據可以說明這個問題：

一是投資報酬率。

截止到 2017 年末，中國的單位基建（以傳統基建為主）投資對 GDP 成長的帶動作用自 2004 年起，縮減幅度近 50％。

二是政府負債率。

不管是新基建還是傳統基建，都需要考慮投資報酬率，因為投資報酬率與負債率息息相關。超前、低效率的投資未必不可，但必須撐得住、還得起。目前，中國整體政府債務（包含中央政府、地方政府）占 GDP 的比重約 60％，若加上其他負債，負債率其實並不低。

從投資報酬率和政府負債率兩個指標來看，新基建的投資要適度，需要抑制公共投資領域的搭便車行為。

搭便車，最早是由美國經濟學家曼瑟爾・奧爾森（Mancur Olson）於 1965 年在《集體行動的邏輯》（*The Logic of Collective Action*）一書中提出來的。他說：「由於集體行動的成果具有公共性，所有成員都從中受益，那些沒有分擔行動成本者搭便車成為最佳策略，於是理性、自利者不會為爭取集體利

益作貢獻。」

搭便車,是一種「不付成本而坐享他人之利」的投機行為。有個例子很經典:三個酒友約定,每次一起喝酒,每個人都從家中帶來一瓶酒,之後混在一起共同飲用。

這樣一來,混在一起的酒就變成了「公共財」,結果怎樣呢?

下次喝酒,每個人都帶了一瓶水,然後混在一起。乾杯入口後,三人都愣了。但他們仍然像喝到美酒一樣,裝出一副沉醉的表情,直到把水全部喝完。

出於搭便車的想法,每個人都各有盤算,隱瞞消費偏好,製造資訊不對等,然後用最小的代價占更多公共財的「便宜」。公共財缺乏一種像市場機制那樣自動顯示個人真實偏好的「顯示機制」,因此它就不可避免地會碰到「說實話難題」。

比如,多繳納稅收無法多享受公共財,所以人們就可能虛報、少報納稅金額。同時,人們都希望少繳納稅收,多享受公共財,如基礎設施。如此,在搭便車的動機驅使下,人們自然更傾向於支持更大規模的基建投資,最終造成「占便宜」的悲劇。

這種悲劇又被稱為公地悲劇(Tragedy of the commons)。公地悲劇,最早是由古典主義先驅大衛・休謨在西元 1740 年

◆ 實體經濟變革：製造業升級與地方振興

發現的一種現象。1968 年，加勒特‧哈丁在（Garrett Hardin）《科學》（*Science*）雜誌上發表了一篇文章，名為「*The Tragedy of the Commons*」。張維迎教授將其翻譯為「公地悲劇」。

哈丁舉例說，在一塊公共草地上，每個牧民都想多養一頭牛來實現個人收入最大化。儘管每個牧民都知道，多增加一頭牛，草地可能被過度放牧，導致養牛收益下降，甚至所有牛都會餓死，但是悲劇還是不可避免地發生了。

譬如，為什麼全球主要國家央行都不阻止貨幣濫發？因為，全球貨幣市場，其實是一個「公地悲劇」。法定貨幣的發行權是一種公共財，這一公共財的天職就是維持幣值穩定，降低交易成本。但是，幾乎所有人都對這種利益巨大的公共財產生搭便車的想法，試圖從貨幣「放水」中占到便宜。

強生（Boris Johnson）、尼克森（Richard Nixon）、雷根（Ronald Reagan）、老布希（George H. W. Bush）、川普（Donald Trump）都在謀求大選連任時對聯準會施壓，希望其能下調利率、增加就業，以獲得更多政治選票。聯儲銀行搭便車似乎「名正言順」，因為他們是聯準會的股東，當時聯準會成立的目的就是為聯儲銀行充當「最後貸款人」。金融家、企業家、投資者、購房者，甚至普通白領、工人，都希望央行「放水」，以圖股票上漲、房價上漲、貸款更易、利息更低、收入更高。

那麼，聯準會主席搭便車嗎？

聯準會主席是「司機」，其決策具有相當的獨立性，遵循「學者原則」。2019 年，沃克、葛林斯潘、柏南奇、葉倫四位聯準會前主席發表署名公開信力挺鮑爾，希望其頂住川普的政治壓力，保持獨立行動。

但是，當所有人都產生搭便車的動機時，聯準會主席這個「司機」就不好當了。降息皆大歡喜，自己也少一點麻煩，從葛林斯潘開始，聯準會就採取降多升少的「不對稱操作」。這其實也是一種變相的搭便車行為。

儘管幾乎所有人都明白持續擴張貨幣是一條不歸路，貨幣發放越多越不值錢，甚至最終可能一文不值，但沒有人會站出來阻止這一悲劇。

當然，這不是聯準會一家的問題，全球貨幣市場正在淪為公地悲劇。新基建投資也是同理，需要避免貨幣和財政過度擴張支持新基建投資。

03 市場競爭

第三個討論的問題是，如何避免公地悲劇，減少低效基建投資，加大新基建及公共財投入？

公共財因非排他性導致市場失靈，所以需要國家（政府）來提供公共財。但是，公共財容易引發搭便車動機，甚至引發公地悲劇。

◆ 實體經濟變革：製造業升級與地方振興

　　道格拉斯·諾斯（Douglass North）在《制度、制度變遷與經濟績效》（*Institutions, Institutional Change and Economic Performance*）中提出了一個著名的悖論：「國家的存在是經濟成長的關鍵，然而國家又是人為經濟衰退的根源。」

　　何解？

　　「國家的存在是經濟成長的關鍵」，是因為國家本身是一種公共財，可降低交易成本。

　　巴澤爾在其著名的《國家理論》（*A Theory of the State*）中說道：「人類社會一開始是處於霍布斯叢林的，建立國家源自保護需求」。

　　巴澤爾認為的「霍布斯叢林」，其實就是「公地悲劇」。在國家建立之前，地球上有大量的無主的公共資源，人們可以無盡地享用。但是，隨著人口增多，人們開始過度使用公共資源，導致土地貧瘠、資源銳減，進而引發公共資源爭奪戰。

　　這時，公共資源就引發公地悲劇，導致租值消散。為了降低風險，人們選擇「強人」如族長、領主、國王以尋求庇護。這種內部交易的條件是，人們需要向政治強人納稅，政治強人提供安全防衛等公共財。

　　這時，國家就誕生了，公共財也誕生了。

　　諾斯和湯瑪斯在《西方世界的興起》（*The Rise of the West-*

ern World)中講述了法國的例子：在法國，15世紀的無政府狀態——一切所有權在這一亂世都得不到保障——致使三級會議將徵稅權讓給了查理七世，以求得君主對增強秩序和保護，以免僱傭幫夥和英國入侵者擄掠的允諾。

政治強人建立的國家機器，為人們提供了和平與安全、國防、法律、道路這些基礎設施，無疑降低了交易成本，產生了乘數效果、規模效應。這是國家制度和公共財的經濟價值。

但是，「法國國王在履行諾言的過程中肅清了他的勢均力敵的對手，使王室能有更充分的理由要求增加在政府所產生的社會儲蓄中的份額」。這就為法國大革命埋下了伏筆。

這時，國家制度就變成了「人為經濟衰退的根源」。

如何解決這個問題？

人類社會的歷史，是一部集體行動的歷史。集體行動會不可避免地出現搭便車行為，並且引發公地悲劇。所以，人類社會的歷史，其實是一部解決「公地悲劇」的歷史。

人類社會早期，市場交易的條件不成熟，如資訊不流通、缺乏貨幣、剩餘產品不足等，導致市場交易成本奇高無比。當時，交易是一種冒險行為，分工只會增加死亡的機率。

與其交易，不如占有、偷竊、搶奪，甚至發動戰爭。國

家誕生之前，公共資源引發公地悲劇。現代市場出現之後，大量的公共資源、無主之產持有全的確立，進入競爭性市場進行交易，公地悲劇和租金消散大大減少。同時，現代國家制度的出現，能夠減少混亂、保護財產，可以降低交易成本。

所以，當時解決公地悲劇的最好辦法就是制度確權和引入市場競爭。

先看制度性權利確認。

新制度經濟學家羅納德·寇斯（Ronald Coase）主張透過明確產權啟動市場，以解決公地悲劇。在《西方世界的興起》中，諾斯和湯瑪斯探索了西元 900 年之後的西歐世界的制度變遷。他發現，產權是否明確、是否得到保護，決定了西歐國家的歷史進程。

西班牙的徵稅權被王室掌控。羊主團是西班牙王室的重要稅源，國王賦予羊主團特權，允許他們的羊隨意去吃農民的莊稼，導致農民的產權得不到保障。同時，西班牙王室經常向商人借錢不還，甚至導致福格家族滅亡，國家信用崩盤。

法國的徵稅權被法王掌控。法王可以直接向農民徵稅，向商人借錢，借錢又不還，甚至直接侵占其財產。

這些制度是低效率的，沒有保護產權，缺乏激勵性。

相反，荷蘭執政官的統治力弱，他們只能以鼓勵商貿、

發展金融來獲取更多的稅源。比如，1537年發表法律承認票據轉讓有效。

他們建立了一個低利率的資本市場，催生了現代金融市場，把利率水準從西元1500年的20%～30%降低到1550年的9%～12%，到了17世紀甚至下降到3%以下。

英國王室的權力被強大的棉紡織商人及貴族集團制約，國王不得隨意徵稅。西元1642年英國發表壟斷法，禁止王室壟斷，同時還設立專利保護制度，保護技術創新，鼓勵外國人從歐洲帶入新技術。

其實，在16世紀左右，西歐國家都面臨財政危機，而王室處理財政危機的辦法決定了這些國家的歷史進程。

所以，歷史告訴我們一條經驗：制度性權利確認。

首先，能確認權利的盡量確認，個人產權越明確，資訊越透明，市場效率越高，公地悲劇越少。其實，中國改革開放的經驗，採納了經濟學家張五常「使用權優於所有權」的建議，實施土地批租制度，推行土地使用權改革。雖然使用權制度的交易成本比所有權制度高，但城市國有土地的使用權改革依然極大地激發了其國民的積極性。

再看引入市場競爭。

中國在「新基建」發展過程中，大力引入市場競爭機制，啟用社會資金，政府可以藉助市場機制進行發展建設。

參考文獻

[1] 保羅·薩繆森、威廉·諾德豪斯。經濟學 [M]。蕭琛，譯。北京：商務印書館，2013。

[2] 約翰·斯圖亞特·穆勒。政治經濟學原理 [M]。金鏑、金熠，譯。北京：華夏出版社，2013。

[3] 大衛·休謨。人性論 [M]。關文運，譯。北京：商務印書館，2016。

[4] 小宮隆太郎。日本的產業政策 [M]。黃曉勇、韓鐵英、呂文忠，等，譯。北京：國際文化出版公司，1988。

[5] 道格拉斯·C 諾斯。制度、制度變遷與經濟績效 [M]。杭行，譯。上海：格致出版社，2008。

[6] 約拉姆·巴澤爾。國家理論 [M]。錢勇，曾詠梅，譯。上海：上海財經大學出版社，2006。

[7] 道格拉斯·諾斯、羅伯特·湯瑪斯。西方世界的興起 [M]。厲以平、蔡磊，譯。北京：華夏出版社，2009。

如何發展縣域經濟？

主要觀點：近幾年，中國大規模跨省人口流動的格局發生了改變，省內流動和回流現象成為主流，而疫情無疑加速了這一趨勢。人口流動格局演變的背後是區域經濟和城市化格局的變化。發展大城市群經濟與縣域經濟是中國當下城市化的兩大方向，而城市治理能力對區域經濟發展有著重要作用。

2022 年，COVID-19 疫情在中國爆發，大城市的物流、商務、商業與生活，變得緊繃、緊張以及充滿不確定性。

疫情讓在城市工作的人們再次想到了「回鄉」，這種念頭在 2020 年後明顯被強化了。越來越多人連夜回鄉，長期以來本就存在於城市化過程中的難題、困境更為突出。城市的高房價，讓年輕的上班族望而卻步。回到小城市，是許多人認真在考慮的問題。

的確有一些資料可以佐證中國大城市的人口回流現象，這在 2021 年特別明顯。但影響人口回流的因素很多，主要與大城市治理和總體經濟走勢有關，疫情只是深化或者擴散了這種「回流」的想法。

實體經濟變革：製造業升級與地方振興

01 人口流動：留或走

2021年，中國40個城市中一線城市和二線城市的人口增量表現出截然相反的趨勢。

從增量絕對值來看，人口增加超過20萬的只有4個城市：武漢、成都、杭州、西安。此外，人口增量超過10萬人的城市有9個，包括南昌、長沙、青島、寧波、貴陽、鄭州、南京、嘉興、廈門，均為二三線城市。

而北京、上海、廣州、深圳四大城市的人口增量分別為-0.4萬人、1萬人、7萬人、4萬人，在2021年全國人口增量城市分布中落於低水位。離開大型城市在疫情之下成為了現實。

北京市的常住人口在2016年達到高峰後，從2017年開始連續下降。廣州、深圳人口沒有顯示負成長，但是成長速度已經十分乏力。

2021年，中國一線城市的人口增量皆走下坡，難道大城市對勞動族群的吸引力真的變弱了嗎？

需要注意的是，北上廣深都有主動限流因素，僅看這四大城市的人口流動可能會被誤導。我們可以用鄉村流向城市的人口規模變化的資料來補充分析這一現象。根據統計資料顯示，中國農村人口流出有超過90%都是流向城鎮。

這些農村流向城鎮的人口中，從2010年到2020年的

跨省流動人口增加了143%。而且，跨省流動的人口占比從41%降為30%。

成長速度對比差異顯著，即過去十年間中國鄉村流出人口中，跨省、遠距離的流動成長速度放緩了，而省內流動的規模成長較多。

過去十年間中國跨省流動格局的變化說明了什麼問題？

長期以來，大規模跨省人口流動的格局發生了變化，省內流動和回流現象成為主流。

這一資料，其實從更長遠的時間線補充了2021年中國各大一線城市人口增量下滑的變化。導致2021年人口增量減緩的因素的確包括疫情的短期衝擊，但也必須看到，在更長遠的時間裡，鄉村人口的大規模、遠距離流動意願越來越弱。

相比之前跋山涉水也要到一線城市打拚，如今的年輕人更願意留在本地或附近的城市。這一跡象可能與網路上普遍的「躺著過日子」心態相契合。

也有許多年輕人回到家鄉報考公務員，當然，考公務員的青年只是其中的一部分，它反映的是某種趨勢。

農民工規模的變化，對於人口流動的研究也有重要參考意義。

農村人口流出規模占中國人口流動規模比重超70%，而農村向城市的人口流動中，農民工是一大主力軍。

2021年中國農民工總量有2.9億人，外出農民工1.7億人，留在本地的農民工1.2億人。在外出的農民工中，跨省流動的農民工人數遠遠超越留在省內的農民工。

從絕對值上看，外出農民工規模長期超過留在本地的農民工規模。但近十年來，外出的農民工占總量的比重不斷下降，占比從2008年的62.29%，下降到2021年的58.71%。而且，從2011年到2020年，外出農民工規模成長速度一直低於在地農民工規模成長速度。

2011年，本地農民工規模成長速度為5.93%，外出農民工規模成長速度為3.44%；2020年受疫情影響，兩者均為負值；2021年本地農民工規模成長速度為4.12%，外出農民工規模成長速度為1.26%。

從行政劃分上看，從2011年起，外出農民工中省內流動的農民工規模一直超過跨省流動的農民工規模，而且十年來這兩者差距持續擴大。

2010年，跨省流動農民工占比為50.32%、省內流動農民工占比為49.68%；而2011年，跨省流動農民工占比下降為47.11%，隨後逐年下降，2021年，這一數字為41.52%。而且，跨省流動農民工規模從2015年開始基本為負成長；省內流動農民工規模雖然在成長，但是成長速度越顯疲弱。

可見，2011年，農民工外出流動無論是成長速度還是比重均發生了格局性的變化。從這一年往後，農民工外出流動

尤其是跨省流動的趨勢一直在減弱。而到了 2020 年，疫情又加劇了這一趨勢，不僅當年農民工外出規模首次出現負成長，2021 年外出農民工的總量也均少於 2017 年、2018 年及 2019 年。相比之下，本地農民工數量倒是成長強勁，與 2017 年相比，2021 年的外出農民工規模減少了 0.08％，而同年的本地農民工規模增加了 5.34％。

調查資料顯示，中國農民工的教育程度普遍不高，平均年齡也不低。不比能夠隨時在網路上查到官方資訊，可以發起線上求助等多種手段的年輕人，農民工對大城市運作秩序、環境較陌生，與外界互通消息較為困難。

因此，疫情下的不確定性、不安全感讓更多農民更願意留在家鄉謀生。

但是，這十年來的發展趨勢在疫情爆發之前已然定型，疫情爆發後的情況更說明了一點，農民工族群更願意留在家鄉，即便外出工作，也更傾向於不離開家鄉省分。

在過去快速的城市化中，大量務工人員來到城市，謀取就業機會，賺取更多收入。而現在，鄉村人口外流的放緩是否說明大城市正在失去吸引力？那些真正回流到縣域城鎮的勞動者，能否找到合適的工作？

事實上，對於中國的人口回流這一現象，我們不能忽略實情而單純判斷，應從城市與鄉村兩方面進行分析。

◆ 實體經濟變革：製造業升級與地方振興

02 城市治理：增和減

我們先看中國城市發展與治理問題。雖然疫情是這兩年城市人口成長放緩或者停滯的部分原因，但大城市人口增量放緩的原因，需要先從自身找起，特大城市因「城市病」而造成的人口流失早有跡象。

伴隨著中國城市化的推進，大城市人口急遽擴張、農村人口大量外流，大城市也出現了「城市病」：環境汙染、交通擁堵是城市的「老問題」，醫療教育資源供給過少、房價過高是大城市的新問題。「城市病」成為勸退勞工的重要原因。

為何會形成城市病？很多人第一反應是大城市的人多，然而「城市病」與人口規模的絕對值無關，其本質是城市治理問題。

以東京為例。日本首都東京都市圈的人口密度居亞洲乃至世界前列。從人口和面積來看，2018 年東京都市圈人口達到了 3,600 萬，東京都市圈面積達到 1.3 萬平方公里,；而東京都市圈匯集了 4,300 萬人口，覆蓋面積達到 3.6 萬平方公里，從這一圈層資料來看，東京裝下了日本全國三分之一的人口。

看起來，東京人已經夠多了，但與日本地方人口衰減趨勢相反的是，東京都市圈的人口還在緩慢成長，仍然在源源不斷吸引和養活著更多就業人口。畢竟，東京聚集著日本一

半以上的大企業和外資企業。

「二戰」後,日本都市計畫、首都圈建設委員會分別於1954年、1958年做過研究,分別提出過「大城市肯定論」與「大城市否定論」兩種論調,1959～1989年也曾發表四次首都圈建設規劃案,雖然其中有對東京規模擴張的抑制,但是礙於多種現實、政治因素而並未成功。例如,中央政府與地方政府的分歧導致中央政府難以強力介入;再如,私有土地制度下,不同功能用地下的土地溢價差異也讓都市計畫敲定過程中捲入了不同的利益遊說團體。

到了1980年代,隨著日本對國際化的追求,東京需要集中金融資源以強化國際金融城市的角色定位。其間,工業企業自發向東京周邊地區擴散,東京中心城區日漸擴張,周圍的都市圈也容納了東京人口。如此,受各種因素影響,東京都市圈不斷擴張,形成了如今的城市格局。一定程度上,這的確是自發形成的城市格局。

規模不斷擴張的東京圈也有過典型的「城市病」。1960年代,隨著汽車普及化,東京交通一度擁堵到需要交通廳派出人力巡邏,日本只能透過興建高密度的公共鐵路交通來治理交通擁堵問題。

如今,市郊鐵路公共軌道承擔了東京圈近一半的交通運輸。民營公司是日本鐵路市場的主要角色,如日本鐵路公司(JR)、東京地下鐵。JR前身是日本國有鐵路公司,1987年,

持續虧損的日本國鐵改革，分割為多家自負盈虧的民營公司，效益逐漸好轉，2016 財年，JR 東日本運輸收入達到 1.9 兆日圓。

從分工理論來說，「從單一的相對獨立的大城市向大城市圈發展，並實現城市中心諸功能的圈內分散與分工是城市化發展到一定程度時必然出現的現象，帶有某種普遍規律」。

當然，像東京這樣「一極集中」的城市格局是東亞城市格局的「通病」。

中國的城市化進程中，許多城市喊出了相同的治理口號：「瘦身」、「郊區化」，以各種行政手段來控制城市規模。甚至，控制城區的常住人口占比也被視為特大城市治理的一個指標。在這種要求下，人口被迫向郊區轉移，但是郊區沒有相應產業承接，反而帶來了沉重的通勤成本。

政策式的限制與清除這種做法並不符合城市發展規律。比如，一線城市的交通擁堵主要是都市計畫和公共交通不足造成的，限制政策只能暫時緩解擁堵問題。

所以，限制城市發展規模並非上策，也不應成為一個普遍性應對手段，應當將重心轉移到提升都市計畫、治理、技術等管理能力上。

當然，對城市青年來說，高房價是最大的壓力，也是導致人口流失的重要因素。這是新的「城市病」。

以深圳為例。普通職工月收入與房價比為 0.18；關外月收入與房價比為 0.14。可見，靠普通工作賺錢購房的難度極大。再來看縣域城鎮，只有少部分縣域城鎮房價略高，大部分月收入與房價比為 0.5，購房難度比深圳小上許多。

人口、資本與技術集中，市場繁榮，城市土地單位產值增加，土地及房價上漲是城市與市場發展的結果。但是，如今城市的高房價也有「額外」因素，比如土地供給單一、貨幣因素。

在城市，由於中國公共教育資源不足與分布不平衡，要上好學校必須花費高價購買位於優良學校學區的房產，進一步加重了城市購房及生存負擔，因此許多外地勞工的兒女並沒有在城市中就學。然而，人的城市化才是真正的城市化，人應在城市居住、入學、消費、養老，而不僅僅是工作。

城市房價高、上學難是外地勞工的「勸退符」。一些人更傾向於在附近城市工作，以方便照顧小孩和老人。當然，這裡沒有算上預期。很多青年願意到大城市打拚，看重的是未來，預期收入能夠快速上漲。大城市的收入預期確實要比縣域城鎮更好，但收入預期成長速度不能跑贏房價。另外，三年疫情對中國大城市的衝擊非常大，這也改變了很多人在大城市工作的收入預期。這也是勞動力離開大城市的重要因素。

從城市治理的角度看，應將 COVID-19 大流行作為一個案例去觀察當下城市管理服務能力。傳染病抑或突發自然災害等特殊事件，可以暴露出城市治理的弱點。大城市該如何應對流行病？

流行病是城市的難題，但應對流行病的方法也存在於城市。市場、技術、藥品、疫苗，這些是應對流行病的根本，也是城市的優勢。

03 兩種規則：城與鄉

2022 年中國的城鄉發展，以縣域城鎮較為熱門。

疫情之下，中國的都市計畫也出現了新的變化，將發展目標轉向縣域城鎮。

為什麼會是縣域城鎮？

縣域城鎮是中國城鎮體系中的重要部分，是城鄉融合發展的關鍵支撐，對促進新型城鎮化建設、建構新型工農城鄉關係具有重要意義。

如何理解？

這個安排有多方面考慮，筆者認為可以關注兩點：

第一，就當下來說，疫情之下大城市瓶頸顯現。

大城市是中國經濟成長的龍頭，如今卻遭遇疫情衝擊。大城市經濟活力下降，總體經濟成長怎麼辦？人口回流，流

回鄉鎮、縣域城鎮的勞工怎麼就業？

2022年經濟數據靠大量基建來支撐，大量基建投向哪裡？政府更願意投資大城市，因為大城市的基建投資報酬率比較高。但是，很多基建專案靠專案債券融資，對專案品質的要求更高。於是，基建投資的方向轉向縣域城鎮。主要包括對水電基礎設施、公共交通基礎設施、消費商業、社會福利設施等的投資。

資料顯示，縣級區域的人均市政公用設施固定資產投資及人均消費支出皆低於二級及以上行政區城市。

一方面，縣域城鎮人均基建水準的確不如大城市；另一方面，基建投資提振回流人口的就業和消費，支撐總體經濟數據。

這是針對疫情之下城市發展狀況不佳的權宜之計，也是增加縣域城鎮與鄉鎮公共財的應有之策。

第二，試圖依託縣域城鎮來統籌中國的城鄉發展。

當前對縣域城鎮基建的關注，其實是希望加快農村的城市化進度。

透過教育、醫療、住房一系列的保障措施，能確保農業轉移人口在縣域城鎮落腳後能享受平等的待遇，此外還要求增加人口對應規模用地指標、財政轉移支付掛鉤指標來支援這一項轉移。

統籌城鄉發展是中國在鄉村發展問題上的長期要求。顯然，過大的城鄉差距將會帶來嚴重的社會問題，「城市病」也是城鄉差距的一種表現。

城鄉家庭資產差距的巨大，是城鄉差距最現實的表現。

有資料顯示，中國城鎮商業住宅社會資產價值遠高於農村地區。

談及此問題，很多人會陷入城與鄉的對立思維。有些人簡單地認為，城市的發展來自資源的集中，尤其是對農村、鄉鎮、縣域城鎮資源的吸收。比如，農民工、大學畢業生大規模地從農村奔赴大城市。實際上，有些鄉村、城鎮凋零的直接原因就是人口流失。於是，有些人提出就地城鎮化的策略，就是讓人返回農村，使人口集中在農村，農村變城市。

其實，這一想法並未真正理解城市的本質。當今縣域城市城鎮化建設的提出，不應從轉移、搶奪城市資源這個角度去理解。

根本上，當下中國的城與鄉，實行的是兩種完全不同的規則。

城市的靈魂不在城，而在市。無市之城是城堡、城邦，以市為基礎建立城，才是現代文明之城。

大城市的發達源於市場的繁榮、人才和資訊的聚集以及種種生產要素能夠自由流通，而現代商業是在合作、交流和

如何發展縣域經濟？

交換的基礎上發展起來的。外地勞工為何進城？農村的大學畢業生為何進城？

1980年代中國實施了城市土地改革，城市土地可以流通，吸引資本、企業進入，工業園興起，工廠建成，農民進入城市工作賺錢。農村土地價值沒有釋放，資金、技術和人才無法進入農村和農業，農村的資產缺乏流動性，難以增值。所謂農民進城勞動，其實是到市場中賺錢。

土地要素制度的不同，其實是城鄉兩種規則的表現之一。另外，城鄉治理也是市場發展的必要條件。

中國的城市治理自改革開放以來得到很大的改善，所謂改善其實是在適應市場，按照市場規律來管理城市。比如，降低入籍門檻、降低公司註冊門檻等，這些政策可以促進資本與人才的流通。

反過來說，如果大城市的治理跟不上市場的發展，自然會出現所謂的「城市病」。如果採取限制交通、控制人口的方式治理「城市病」，定然會削弱城市的活力、市場與創造力。這是一種「拉下來管理」的策略。而且，這背後還有優質公共資源壟斷與爭奪的因素。

與大城市相比，鄉村和縣域城鎮的治理與市場的發展還有一定的距離，現實中，一些習慣了大城市追求效率、速度的規則的人回到縣域城鎮後，必定會為熟人文化體系下運轉

的另一種規則而困擾。鄉村和縣域城鎮市場不興盛,靠政府投資基建難以為繼,回流的人口也無法持續就業與增加收入。如今,大小城市的治理問題帶給年輕人一種漂泊與分裂的困苦:「大城市容不下肉身,小城市裝不下靈魂」。

基礎設施銜接互通是第一步,關鍵在於農村土地制度改革、縣域城鎮及鄉村治理改善,讓資本、技術和人才要素進入農村,農村立於市、縣域城鎮繁於市,城鄉兩市要素相互融合才是真正的城鄉融合,才是真正的城鎮化。

回到開頭所提到的,很難單純判斷人口回流抑或人口新增是一個正面抑或負面現象,在一切要素可自由流動時,一切都是應有現象。

流動的人口是維繫城鄉關係的靈魂要素。倘若流動停止,那將會真正帶來割裂與停滯。在要不要回縣域城鎮這個問題上,不應為外出勞動者增添「額外」的困苦。

參考文獻

[1] 林小昭。40城人口增量:武漢第一,北上廣深合計僅增12.48萬[EB/OL]。第一財經,2022-05-11。https://baijiahao.baidu.com/s?id=1732524096284507338&wfr=spider&for=pc。

[2] 陳明星。人口流動空間模式與縣域新型城鎮化的認識[EB/OL]。規劃中國，2022-05-16。https://mp.weixin.qq.com/s?__biz=MjM5Nzc3MjYwMQ==&mid=2650702347&idx=1&sn=c8384ece50f14c60cbe8536ddf6081c0&chksm=bedece5d89a9474bb9ca8bbc74ad300a2a0b69816e6ac9a6e17d6d15ddb7cef6d81b-9cac3281&scene=27。

[3] 譚縱波。東京大城市圈的形成、問題與對策[J]。國外都市計畫，2000（2）。

✦ 實體經濟變革：製造業升級與地方振興

如何走出房地產危機？

主要觀點：房地產是經濟中非常重要的產業，同樣，房地產的泡沫化風險也威脅著國民經濟的安全。在這輪去泡沫化過程中，房地產市場整體處於下行態勢，部分大型房地產企業出現債務違約風險，同時地方國有土地出讓金收入下降。對於房地產的調控政策、信貸政策與財政政策的有效協力，是化解本輪房地產泡沫風險以及避免風險外溢的關鍵。

01 兩種政策

2022年第一季度，房地產市場出現兩種調整政策：地方鬆綁政策和流動性限制政策。

先看地方鬆綁政策，主要分為兩大塊：

一是城市的房地產政策鬆綁。放寬了限購、限貸、限售政策；從限制性政策轉向鼓勵性政策，重啟改建補貼，提供購房補貼。

二是降息。全中國超過100個城市的銀行下調了個人房貸利率。

加入鬆綁大軍的，既有二線城市或新一線城市，三四線城市。

有的地區採取的政策是：鼓勵老年人前來養老，開放購

房數量,同時下調房貸利率級稅額。

鬆綁的原因很簡單,就是房價下跌,經濟成長速度下行,土地出讓金萎縮。有些地區無論是新房或二手房的銷量跟房價都大幅下跌。

2022年是中國房地產政策的鬆綁年,是三四線城市的救市年。接下來,預計三四線城市會取消限購限售政策,大部分二線城市也會鬆綁房市,甚至北上廣深都有調整的可能。

但是,地方政府的救市政策並未能改善房地產的狀況。相反的,房地產市場仍然在下行中。這是為什麼?

3月房地產市場跌入冰點有疫情的因素,但放到整個季度來看,或與其他同樣受到疫情衝擊的產業相比,流動性問題才是房地產市場低迷的主要原因。流動性問題既包括深層的總體經濟和家庭收入成長問題,也包括直接的銀行流動性限制問題。

講完中國的地方鬆綁與救市政策,再來看中國央行及監管部門的限制性政策。

2022年第一季度社會融資規模比去年同期多增加1.77兆人民幣。不過,住房貸款占比下降了將近10%,下降幅度非常大。

資料顯示:1～3月,房地產開發企業流入資金較去年同期下降19.6%。其中,中國國內貸款下降23.5%;利用

外資下降 7.8％；自募資金下降 4.8％；定金及預收款下降 31.0％；個人借貸貸款下降 18.8％。[17] 第一季度，中國央行降準又降息，廣義貨幣、社會融資和銀行信貸都高速成長，但是房地產市場的資金不增反減。這是為什麼？

原因可能有很多，但直接的因素可能是 2020 年下半年開始實施房地產限制政策與限貸政策。

簡單說一下，限制政策對開發商訂下標準，符合標準才能增加負債。限貸則是限制了銀行房地產跟個人住房貸款的上限。

這兩項政策實施後，中國房地產市場的流動性迅速下滑，整個產業進入寒冬，大型房地產企業陷入債務危機。雖然許多城市的商業銀行下調房地產利率，但是房地產市場的流動性規模卻被限制。面對當前的房地產局勢，中國央行僅僅透過下調利率做些邊際改善。

為什麼中國央行及監管部門不放鬆流動性限制來拯救房市？

其實從 2019 年底開始，在中國的地方層面，房地產還是財政和經濟穩定的基礎；但在中央決策層面，房地產對於中國經濟的作用已經變小，不再作為帶動經濟成長的動力，

---

[17] 2022 年 1～3 月分全國房地產開發投資成長 0.7％［EB/OL］。中國國家統計局官網，2022-04-18。http://www.stats.gov.cn/xxgk/sjfb/zxfb2020/202204/t20220418_1829718.html。

反而成為滋生金融風險的隱患。隨之，中國央行及監管部門為房地產設定高壓線，抑制房地產泡沫，控制系統性金融風險。

所以，開始出現了兩種不同的房地產政策，政策的主體不同，具體目標也不同。在地方層面，房地產市場下行，地方經濟成長速度下滑，土地出讓金收入下降，許多城市放鬆或解除限購限售政策，甚至提供購屋補貼，刺激房市。但在中國央行及監管部門，依然保持著對房地產流動性的限制政策，堅持去泡沫化。

問題來了，中國地方政府土地財政依賴度高和負債率高，房地產市場持續下行，難道不擔心土地出讓金收入下滑衝擊地方財政及債務嗎？

02 兩種財政

以上問題困擾著中國市場。要知道，在中國總體經濟中，房地產市場（含周邊行業）貢獻約30％的GDP和超過40％的財政收入，構成70％的家庭資產。

2020年，COVID-19疫情大流行的第一年，地方政府的「土地財政」達到巔峰。全中國土地使用權出讓收入84,142億人民幣，較去年同期增加15.9％，創下了新紀錄。土地使用權出讓收入與地方一般公共預算本級收入的比值是0.84。

有 20 個城市土地財政依賴度超過 100%，超過 50%的城市有 40 個。

土地財政迅速增加的背後是地方債務規模的增加。2017 年，全中國地方債務餘額首次超過了公債餘額。2020 年末全國地方債務率（顯性債務餘額／地方綜合財力）超過 97%，逼近國際警戒區間下限（100%）。另外，權中國地方隱性債務規模大、風險高。

近幾年，市場對中國地方政府的「土地財政」和債務風險感到擔憂。如果房地產泡沫崩潰，那麼地方政府的財政收入必然下滑，甚至還可能引發地方債務風險與銀行風險。

2022 年第一季度，全中國國有土地使用權出讓收入 11,958 億人民幣，較去年同期下降 27.4%。中國指數研究院的資料顯示，1～3 月，全中國住宅用地出讓金、成交均價、平均溢價率均較去年同期顯著下跌。

前 100 家房地產企業購地規模較去年同期下降 59.3%。[18] 難道地方政府不擔心財政收入下降和債務風險嗎？

財政收入是透視房地產走向的關鍵指標。中國財政分為中央和地方兩級，其中中央財政收入主要依託於一般性公共預算收入，也就是稅收收入，對房地產的依賴度較小；反之，地方財政對房地產的依賴度很大。但是，近年來中國地方財

---

[18] 張達。一季度 7 城完成首輪土拍 七成百強房地產企業未購地［N］。證券時報，2022-04-06。

政也分化為兩種：一種是上面講到的省級以下的土地財政，另一種是省級及經濟特區級城市的專案債券財政。

地方財政分為四個帳冊：一般公共預算收支、政府性基金收支、國有資產經營收支和社會保障收支。其中，一般公共預算收入主要是稅收，政府性基金收入主要是土地出讓金。2008年之後，土地出讓金的規模越來越大，政府性基金收入緊追一般公共預算收入。這說明土地財政依賴度越來越大。

地方政府中的省級政府近幾年來試圖擺脫對土地財政的依賴。

實際上，從2018年開始，隨著改建補償政策落幕，中國地方財政迅速進入一個新階段：省級地方政府的政府性基金逐漸從土地出讓金收入轉向專案債券。

地方債分為一般債和專案債券。一般債依託於地方一般公共預算收入，主要是稅收，用於經常性支出；專案債券依託於土地及專案收入，重點用於交通基礎設施、能源、農林、水利等九大領域。近幾年，一般債新增規模下降，專案債券新增規模大幅度增加。

從2018年開始，在中國地方債中，一般債發行規模迅速下降，而專案債券規模快速增加。資料顯示，2018年，全中國地方政府一般債新增22,192億人民幣，專案債券新增

19,460億人民幣；2019年一般債新增17,742億人民幣，專案債券新增25,882億人民幣；2020年，一般債新增下降到9,800億人民幣，專案債券新增37,500億人民幣；2021年，一般債新增8,000億人民幣，專案債券新增34,676億人民幣。

需要注意的是，專案債券發行主體是省級政府和經濟特區級城市，地級市和縣政府不能獨立發行。地級市和縣政府要發行專案債券，必須歸口到省級政府來發行和管理。這就是省級及經濟特區級城市的專案債券財政。

這樣一來，補充了專案債券的省級政府對房地產下行的容忍度更高，更可能與中國政府一致保持對房地產的限制性政策。

2022年第一季度，全中國政府性基金預算收入較去年同期下降25.6%，其中，土地使用權出讓收入較去年同期下降27.4%。反之，全中國政府性基金預算支出較去年同期成長43%。[19] 政府性基金預算赤字達10,945億人民幣。

土地出讓金收入下滑，靠什麼來彌補這項赤字？

答案就是專案債券。2021年12月，中國政府提前下達地方2022年新增專案債券的額度為1.46兆人民幣。截至2022年3月末，已發行1.25兆人民幣，占提前下達額度的

---

[19] 中國財政部國庫司。2022年一季度財政收支情況 [EB/OL]。中國財政部官網，2022-04-20。http://gks.mof.gov.cn/tongjishuju/202204/t20220420_3804357.htm。

86%。2022 年一共發放 3.65 兆人民幣專案債券，要求在 6 月之前把大部分發下去。

我們可以簡單算一筆帳。2021 年，全中國土地使用權出讓金總收入 8.7 兆人民幣，而專案債券新增 3.4 兆人民幣。2022 年第一季度，土地使用權出讓收入減少了 3,000 多億人民幣，但專案債券增加了 1 萬多億人民幣。如今，地方政府新增債務主要是專案債券，土地使用權出讓金收入下降的空缺主要靠專案債券來填補。

到這裡，筆者總結以下三點：

第一，自 2018 年開始，中國地方財政正在從土地財政進入財政專案債券化階段。

從 1994 年分稅制改革到 2017 年，中國地方財政經歷了稅收、稅收與土地財政、土地財政及其棚改貨幣化、土地財政貨幣化及專案債券四個階段。從 2018 年開始，地方財政逐漸從土地財政及改建補償政策進入土地財政貨幣化及專案債券階段。地方政府的政府性基建收入從追逐土地出讓金轉向土地債券，即政府透過專案債券提前將「土地財政」變現，後面的土地使用權出讓金收入只是在還前面的專案債券。

第二，2022 年，政府穩經濟主要靠穩定基建，而不是房地產。

在第一季度已發行的專案債券中，支持市政和產業園區

基礎設施4,157億人民幣、交通基礎設施2,316億人民幣、社會事業2,251億人民幣、居住安全工程2,016億人民幣、農林水利1,004億人民幣、生態環保468億人民幣以及能源和冷鏈等物流基礎設施251億人民幣。

專案債券投向基建的比例節節攀升，從1月的38%上升到3月的53%。第一季度，廣義基建投資累計較去年同期成長10.5%，與去年3月同期相比增加11.8%；狹義基建投資累計較去年同期成長8.5%，與去年3月同期相比增加8.8%。細分產業來看，電熱燃水3月成長速度為24.4%，交運倉儲郵政8.9%，水利公共設施9.4%，教育投資15.2%，衛生和社會工作22.2%。

基建的高融資、高投資、高成長，與房地產市場形成鮮明對比。第一季度，全中國固定資產投資104,872億人民幣，較去年同期增加9.3%。

其中，基礎設施投資較去年同期成長8.5%，製造業投資較去年同期增加15.6%，而房地產開發投資僅較去年同期增加0.7%。

第三，兩種財政政策基本上決定了兩種房地產政策。中國政府財政以及獲得專案債券補充的省級財政對土地財政下滑的抗壓性較強，能夠與中國央行及監管層面的限制性政策進行配合。但是，高度依賴於土地財政的地級市和縣政府則積極拯救房市，希望增加地方財政收入和帶動經濟成長。

03 兩種困境

接下來，政策的走向會怎樣？

其實，中國的「土地財政」和財政專案債券化都面臨一些難題。

土地財政還是老問題，高度依賴於房地產，一方面擔心房價上漲引發泡沫危機，另一方面擔心房價下跌引發財政和債務風險。

僅從經濟來看，房地產泡沫可能引發系統性金融風險。如果對地產商跟銀行貸款的限制政策解除，在流動性寬鬆的當下，房地產市場會怎樣？中國各大小城市紛紛鬆綁房市、拯救房市，既給錢又給政策，房價會不會繼續大漲？

以其中一個城市為例子，房地產新政策釋出兩週後，新房與二手房屋成交量都比釋出前上升，新建住宅價格較上期下跌，二手住宅價格則有些微上漲。而政策釋出的一個月後，新房與二手房屋成交量皆呈現下降趨勢。

可以看出效果基本上是成交量反彈，新房價格下降，二手房價格微弱上漲。

如果房地產信貸限制政策解除，三四線城市的救市政策應該也很難扭轉房價下跌的趨勢。三四線城市的救市政策只能算是保底策略，盡量保交屋、救專案、穩財政，並不能振興房市和拉動經濟成長。但是一二線城市可能分化，部分城

市房價在信貸寬鬆的支持下還可能繼續上漲。

另外，2022 年美中兩國貨幣政策相背離，房地產泡沫化和資金外流壓力會增加。

所以，如果完全解除房地產信貸限制性政策，部分城市的房地產泡沫化風險會加大。但如果房地產信貸限制性政策不解除，房地產市場繼續下行，縣市級土地財政收入和債務風險也會加大。

2022 年第一季度，中國只有 3 個省（直轄市）的土地使用權出讓金收入成長速度為正。黑龍江、寧夏、天津、西藏等省分土地出讓金成長速度大幅下降，降幅均超 80%。按城市劃分：第一季度，一線城市的土地出讓金較去年同期下降 50%，占全國比重的 13%，二線城市的土地出讓金較去年同期下降 59%，占全國比重的 32%，三四線城市的土地出讓金較去年同期下降 49%，占全國比重的 55%。

左邊是泡沫風險，右邊是債務風險，如何破局土地財政依賴症？

我們再看財政專案債券化。

財政專案債券化說明中國正在啟用省級政府的公共信用融資來緩解地方財政壓力和債務風險。但是，這樣也會陷入兩難困境。

近幾年，專案債券的大規模增加一定程度上緩解了省級

政府的財政困境，減輕了對土地財政的依賴。從2021年到2022年第一季度，房地產市場下滑對中央財政和省級財政的收入影響更小一些。

專案債券能否降低土地財政依賴度？能否讓房地產軟著陸？

其實，財政專案債券化也面臨兩個難題：

一是隨著房地產市場下滑，土地使用權出讓金收入銳減，與房地產相關的稅收收入下降，地方對專案債券的依賴越來越大，這會增加地方政府尤其是省級政府的負債率。地方不能一邊告別土地財政依賴症，另一邊又新增專案債券依賴症。

二是土地財政依賴度大的地市和縣級政府對省級財政的轉移支付需求增加，這可能導致專案債券下沉和擴大化。

近期，中央提出推進省以下財政體制改革，清晰界定省以下財政公共事務管理權和支出責任。此舉主要是為了化解地市和縣級政府財政困境和潛在的債務風險，省級政府可能需要擴大對下級政府的資金支持。

我們需要關注專案債券的擴大化。專案債券原本是「專款專用」，是投資者給收益相對可靠、風險相對較小的專案提供的融資。不過，2022年4月，財政部允許地方擴大專案債券的使用範圍，包括城市網管、高品質基建、農村農業領域

專案。這說明地方財政的專案債券用途開始擴大。

發行專案債券不是解決債務的辦法，終歸要回到發展問題上。

其實，專案債券主要還是靠土地出讓金收入來償還，最終還是要落到房地產上，而政府所有的債務，最終還是要靠真實的稅收來償還，這也是接下來政府需要考慮的問題。

2022 年第一季度，中國房地產市場的下滑，對地方財政衝擊很大；同時，專案債券發行規模較大，後面餘量有限、效益遞減。接下來，財政和經濟下行壓力極大，房地產政策將調整，中央政府可能採取土地財政與專案債券並舉的財政政策。

專案債券繼續支撐省級財政，省級財政加強對地方政府的資金支持力道，緩解地方財政壓力；同時，二三四線城市進一步降低房貸利率，地方可能發表更多政策刺激房地產，提振土地出讓金收入。中國央行及監管部門可能會調整房地產相關限制政策，加強對一些開發商和城市的房地產貸款力道。近期，中國政府的相關會議也提到要加速住房與城鄉建設專案債券的發行與使用。

當然，這只是權宜之計，政策會隨著房地產市場的走向和地方政府的債務壓力而調整。房地產的問題最終還應回歸到制度改革上。

其實，這次改革除了涉及土地制度外，還涉及中國的中央與地方政府的財政權力分配、財政紀律、稅收分配、商業銀行制度、利率市場化等。

◆ 實體經濟變革：製造業升級與地方振興

策略建議：
從風險管理到財稅改革

　　過去 40 多年，中國的改革開放事業不僅為中國帶來經濟繁榮和消費福利，更重要的是，它帶給中國發展的經驗和可靠的邏輯。在新的國際形勢下，中國經濟發展面臨許多新的議題，需要依賴成熟的經驗和可靠的邏輯，同時結合中國內外的的現實情況實現新發展。

◆ 策略建議：從風險管理到財稅改革

中概股下市風險的化解辦法

主要觀點：中概股是美中全球化合作的範例，但因兩國監管衝突，一度出現集體下市風險。現如今，採用離岸管理的方式對中概股進行監管，是美中審計監管合作協議的一個新成果。

2022年3月，中概股全面暴跌，「三天跌掉了一個時代」。許多大型企業的股價墜入令人絕望的深淵。可以說，中概股爆發了前所未有的大股災。股災爆發的原因可能很多，其中最主要的是美中關於審計工作底稿的監管分歧。

美國方面，《外國公司問責法案》自2022年3月8日起正式實施。美國證券交易委員會（SEC）根據該法案將百濟中國、百勝中國等五家中國上市公司列入「臨時下市清單」。按照該法案要求，自2021年年報開始統計，如果外國發行人連續三年不能滿足美國大眾公司會計監督委員會（PCAOB）對會計師事務所檢查要求，則該股票將被強制下市。其中，「對會計師事務所檢查要求」最核心的是上市公司需要提交審計工作底稿。所謂審計工作底稿，即會計師事務所對其執行的審計工作所做的完整紀錄。

雖然該法案針對的是所有在美上市的海外公司，但是中國在美國上市公司面臨審計工作底稿的難題。

中國方面，中國政府近年對網路平臺實施「綜合治理」，反壟斷、反洗錢並打擊其他違法行為，同時發表了《中華人民共和國資料安全法》（以下簡稱《資料安全法》），嚴控資料安全和資料跨境。

2021 年 6 月，中國的滴滴赴美上市，引發了中國對網路平臺資料安全與資料跨境的強監管，其中包括嚴控審計工作底稿出境。

所以，美國《外國公司問責法案》的正式實施，加上中國正在推動的資料監管，導致中概股存在集體下市的巨大風險。

2022 年 3 月 16 日，國務院金融穩定發展委員會專題會議強調，目前美中雙方監管機構保持了良好溝通，已取得積極進展，正在致力於形成具體合作方案；中國政府繼續支持各類企業到境外上市。本次會議釋放的利好訊號安撫了市場，中概股立即止跌並強勢反彈。

不過，美國上市公司會計監督委員會在中原標準時間 2022 年 3 月 24 日晚給中國財新傳媒的一份宣告中稱：這種關於 PCAOB 與中方達成會計監管最終協議的猜測還為時尚早，「我們必須全面檢查相關審計檔案。這是沒有商量餘地的」。

可見，中概股的下市危機沒有完全解除，前途依然不明

策略建議：從風險管理到財稅改革

朗。監管衝突是怎麼產生的？其中深層次的問題是什麼？該如何拯救中概股？本節將透過回顧中概股（網路企業）的前世今生，分析美中監管衝突的由來以及解決方案。

01 間接生產和狂野生長

中概股是全球化浪潮時代美中科技金融市場化合作的範例，它曾經創造過相當瘋狂又風光的歷史。中概股興起於中國網路萌芽的 1990 年代末，至今已有超過 340 家中國營企業業赴美上市，現存 250 多家，其中包括阿里巴巴、百度、滴滴等網路公司。

1990 年代，時任美國總統柯林頓（Bill Clinton）宣布網路民用化，且向全球開放，這一行為激發了美國矽谷的網路創業熱潮。1995 年網景通訊公司上市第一天股價暴漲了三倍，開啟了那斯達克財富效應。緊接著，馬化騰、馬雲等企業家開始在中國播撒網路的種子。

不過，中國網路起步並沒有想像中那麼順利。與其他領域不同，網路創業是一項週期很長、失敗率很高、風險很高的事業。

企業家雖然是風險偏好型投資者，追逐最新的網路潮流，但也必須面對如何盈利、如何生存的現實難題。

於是，這群年輕人不得不到處尋找資金。但是，當時的中國資金非常稀缺，尚無還沒有成熟的風險投資市場，商業

中概股下市風險的化解辦法

銀行又不願意向缺乏資產抵押物的網路創業公司提供貸款。不巧的是，1997年，亞洲金融危機爆發，大量國際資金回流美國，亞洲資金更加稀缺。

當時在中國，即便是家境優渥的企業家在網路創業同樣面臨資金難題，就算創業初期成長迅速，也缺乏變現手段，貸款也因不被銀行承認而遭遇困難。

此時，美國網路創業公司在矽谷遍地開花，各大小公司市值迅速膨脹。當時的聯準會主席評估後認為亞洲金融危機對美國影響不大，於是繼續快速升息。但是，這次升息戳破了美國網路泡沫。雖然聯準會緊急下調聯邦資金利率，但股災已經形成。

2000年3月到11月，根據CNN的估算，網路泡沫的破滅為整個證券市場帶來了約1.7兆美元的損失。上千家網路公司的股價跌了80％以上，很多美國的創業公司在這場危機中倒下。中國一批網路公司被迫關停，搜狐、網易、新浪三大門戶均在那斯達克大跌時艱難上市，面臨融資困境和下市風險。

但緊接著，2001年9月11日，美國遭遇恐怖襲擊。聯準會為了支持小布希政府的反恐戰爭和提振國民信心，將聯邦資金利率下調到2％以下，且一直維持到2004年。美國長期極低利率釋放了大規模的廉價資金，美國矽谷企業在泡沫危機洗禮後飛黃騰達。

◆ 策略建議：從風險管理到財稅改革

美國跨國公司、金融公司手持大規模的廉價資金，乘中國「入世」之開放東風大舉進入中國。其中，美國 IDG 和紅杉資本、日本軟銀等風險投資機構迅速布局中國網路行業，解決了當時網路創業企業的資金難題。早期的天極網、騰訊、阿里巴巴等均獲得了風險投資。

2003 年 SARS 期間，一些業務從線下轉到線上，中國網路迎來了第一個春天，三大門戶均實現了上市以來的首次全年盈利。前程無憂當年的網路應征服務收入成長了 166%，並完成赴美上市。

2007 年是中國網路公司赴美上市的重要的一年，IPO 數量達到 39 家，融資總額達 22 億美元。

至此，中概股初步成形。中國網路創業者與美國風險投資共同開啟了一條通路：中國創業＋那斯達克上市。

中國網路企業為何熱衷於赴美上市？

這遵循了比較優勢理論，即中國快速興起的網路市場與美國發達繁榮成熟的金融市場相結合，中國營企業業家的創業精神與美國的廉價資金相結合。中國網路企業主要集中在一線城市，而中概股最主要的上市目的地是那斯達克，占中概股總數的 67.2%。

中國網路創業者成功地利用國際資金市場合理配置風險。我們知道，企業家的工作是布局間接生產。徒手捕魚叫

直接生產，買網捕魚叫間接生產。間接生產是有風險的，週期越長風險越大。企業家支付了工人的薪資、銀行的利息、供應商的原料費用，買斷了未來所有的收益，同時也承擔著未來所有的風險。

網路的盈利週期長、風險大，因而網路創業者尋求風險投資以化解風險，將部分風險轉移給投資者。風險投資可以支撐企業家長週期間接生產，為企業家試錯與失敗提供更高的社會寬容度。技術工程師、創業者、天使投資人、風險投資人、股票市場的投資人，每個人的風險偏好都不同。資本市場合理地分配了風險，讓技術工程師安心搞研究、創新技術，讓企業家承擔一定風險的同時專心經營、追求經營利潤，讓能夠承擔高風險的人，如美國的風險投資人、股票市場的投資人，去承擔投資風險，同時謀求投資報酬。

另外，美國股票交易所採用市場化的註冊制，企業上市更容易，當然被淘汰也更容易。當時中國Ａ股採用審批制，其上市難度遠大於那斯達克。對美國的風險投資人、承銷商來說，在全球最發達的金融市場上市更易退出套現，不確定性相對低一些。

這就是全球化分工與合作的市場邏輯：資本市場合理配置風險，促進間接生產與專業分工，讓專業的人做專業的事，促進技術創新，增加消費福利。中國「入世」以來，雖

◆ 策略建議：從風險管理到財稅改革

然美中雙邊貿易大規模成長，但是因金融制度不同，兩國金融貿易比重偏低。中概股算是美中科技金融全球化合作的範例。

2008 年金融危機爆發，資本市場遭遇重創。聯準會及全球主要國家央行開始大規模救市行動，聯邦資金利率下調到零附近，開始了長達 8 年的超級寬鬆週期。美國風險投資公司再獲大批廉價資金，大舉布局中國網路產業，那斯達克指數止跌回暖後開始了一波大牛市。

這是中國網路熱潮頻起、快速拓展市場、激烈競爭的瘋狂時代。

2010 年成為金融危機後中國網路企業赴美上市的又一個關鍵年，IPO 數量達到 39 家。此後，中國網路企業赴美上市常態化，2018 年、2019 年 IPO 數量分別達到 44 家和 39 家。即便在受到疫情衝擊的 2020 年，也有超過 25 家中國營企業業赴美上市。2021 年初，中概股市值達歷史峰值。

這是一段改變中國社會發展程式的網路淘金史，但這種狂野生長的全球化合作也暗藏著風險。

02 暗流湧動和監管更新

風險來自兩方面，先看中國方面。

與美國相比，中國網路生態有三大特點：

第一，市場高度集中，大廠力量崛起。

中國網路從最初的百花齊放到 2008 年之後形成三大廠，接著從三大廠演變為兩大系，隨著「抖音」App 廣泛普及，字節跳動異軍突起，如今呈現阿里巴巴、騰訊和字節跳動三大陣營格局。

早在 2005 年，就有公司聘請高盛亞洲銀投資銀行部的執行董事出任管理職，負責公司策略、投資、併購和投資者關係。2010 年，兩間大型網路公司爆發了激烈的競爭大戰，中國網友第一次感受到網路勢力的可怕。經此一役，網路大廠開始重視策略投資業務，相繼競爭對其他企業進行併購。

大廠的併購行為被指責扼殺了創新精神，中國網路創業者的歸宿只剩賣身給大型網路企業。同時，網路大廠日益膨脹的勢力引發了社會的關注，為後面的反壟斷埋下了伏筆。

第二，終端整合有餘，縱向延伸不足。

與矽谷科技大廠相比，中國網路大廠熱衷於整合終端業務，尤其是消費領域，極少觸及上游的晶片、基礎程式開發、網路通訊、人工智慧等業務。以 2020 年 12 月的數據來看，在 257 家中概股中，非必需品消費達到 66 家；按市值行業分布，非必需品消費行業占比最高，達到 57%。

第三，金融屬性明顯，技術創新偏弱。

尤其是 2008 年全球大寬鬆之後，中國網路大廠手持大量

◆ 策略建議：從風險管理到財稅改革

廉價資本，採用地推模式到處攻城略地。他們使用燒錢補貼的手法迅速控制市場、擊潰一切對手，然後憑藉市場規模、消費數據迅速赴美上市套現。這種創業專案具有突出的金融屬性，但技術含量不足。

中國網路為什麼會有這三個特點？原因可能是多面向的。

一是受持續的「摩爾效應帶來的產業變革」的驅動，全球電子設備及上網成本大幅度下降，中國網路使用者數量迅速增加。2007 年之後智慧型手機快速普及，大廠們紛紛搶奪行動網路端的使用者，中國 14 億人口基數釋放出 10 億使用者的「人口紅利」。

二是美國反壟斷法案嚴格限制大廠併購，尤其是網路企業在消費端的整合。過去，中國對終端市場的併購行為相對寬容，對高階技術領域的重視不夠。中國的高階技術領域，如航太、網路通訊等，多為非競爭性領域，準入門檻極高。另外，美國的人力資本水準較高，而中國網路企業管理層人力資本累積不足，在本土化營運方面更具優勢。美國在基礎演算法、基礎語言、作業系統、半導體等領域已經建立了領先優勢，中國網路企業出海投資基礎技術的難度大、風險大。於是，中國網路企業「知難而退」。

結果是，美國風險資本在矽谷投資的企業向技術專業領域延伸，而中國的網路企業只在消費端整合。在中國的網路

大廠為了搶占線上買菜市場爭得「頭破血流」之時,美國的電商企業亞馬遜正在布局太空通訊網路。如此,資本越廉價,投資規模越大,中國網路創業專案越傾向於消費端和金融化,越遠離基礎技術創新。

三是隨著大資料技術興起,中國網路大廠將終端大消費優勢轉變為大數據競爭力。2012 年,大數據概念風靡全球,全球科技公司開始瘋狂爭奪使用者資訊。中國網路平臺憑藉海量消費資訊的優勢開始瘋狂挖掘資訊「金礦」,中概股市值隨著大數據概念持續走熱而節節攀升。

但是,大數據時代隱患重重。十年前,大數據科學家維克多・麥爾荀伯格(Viktor Mayer-Schönberger)在其《大數據》(*Big Data*)中預言了「讓資料主宰一切的隱憂」。他明確地說:「危險不再是隱私的洩漏,而是被預知的可能性。」誰掌握了全民資料,誰便掌握了這項「預知」特權,從而可能支配思想、攫取財富、挑戰權力。麥爾荀伯格直言,科技企業掌控的資訊權力讓公共權力變得不太重要。這就為後面的資訊監管埋下伏筆。

近年來,中國政府強化了對經濟安全的管理,嚴控「資本無序擴張」,高度重視「網路資訊安全」。藉助資本瘋狂擴張進而控制大量使用者資料的中國網路大廠也因發展中累積的種種問題成為眾矢之的,涉及敏感的媒體、金融、消費、資料和勞動者權益五大領域:使用者抨擊網路平臺侵害使用

◆ 策略建議：從風險管理到財稅改革

者隱私、濫用使用者資料，利用演算法推送機制控制輿論，實施價格歧視政策，對消費者進行「大數據殺熟」，藉助市場集中優勢提高商家的抽成比例，在資本市場上開展證券化融資，同時啟用大數據銀行發放大規模信貸給使用者，製造潛在的金融風險。

2021年，中國發表反壟斷法，大力整頓網路平臺，打擊亂象；對網路大廠實施反壟斷調查，多間大型企業遭受鉅額罰款。

2021年6月，一家擁有數億使用者的大型平臺低調赴美IPO，這引發了中國各界對資料安全的強烈擔憂。中國政府發表《資料安全法》，嚴控本土資料跨境，將資料安全問題提升到資料主權的高度。此事件涉及中概股當下最為敏感的審計工作底稿問題。

過去，中國政府一直不允許在美上市的中國營企業業將審計工作底稿儲存在海外，如今明確禁止未經中國監管機構審查擅自向境外機構提供審計工作底稿。

近年來中國網路大廠市場壟斷和資料控制兩大隱患，在COVID-19疫情大流行和美中關係緊張的廣大故事中徹底暴露。

03 資料擁有權確認和離岸管理

接著看美國方面。2008年金融危機後的聯準會救市行動,創造了大規模的廉價資金,但也洗劫了城市中產及中下層民眾的財富,激起了民粹主義浪潮。2016年大選,政治素人川普擊敗了建制派代表希拉蕊(Hillary Clinton)成功入主白宮。川普對過去的秩序發起了挑戰,其中包括對中國發起貿易爭端。這場貿易爭端惡化了美中關係,並逐漸波及科技、金融領域。

上面說到,中概股是美中全球化合作的範例。在過去秩序遭遇挑戰的去全球化時代,暗含資本擴張、資訊安全問題的中概股(網路企業)在美中關係趨緊的當下成為雙方關注的焦點。

在美國,美國政府加強了對國外發行人的監管。過去,美國股票市場為了吸引國外企業,往往會降低其上市門檻,簡化一些審批程序,比如不需要像本土公司一樣提供審計工作底稿。中國一些網路專案藉助這個管道迅速金融化和套現退出。由於門檻和監管要求更低,一些中概股還存在財務造假和披露問題,也因此成了渾水等美國作空機構的「常客」。2020年瑞幸咖啡財務造假事件引發美國金融監管更新。一些議員要求將國外發行人的上市要求拉高到與本土上市公司同一級別。接著,美國推出《外國公司問責法案》,要求外國上

◆ 策略建議：從風險管理到財稅改革

市主體提供審計工作底稿。

2021年中國實施《資訊安全法》嚴控資訊跨境，2022年美國正式實施《外國公司問責法案》要求提交審計工作底稿，由此，中概股遭遇兩國監管正面衝突。

拜登上臺後試圖努力捍衛過去的國際秩序，但是美中關係並未回歸正軌，民間對立情緒更加激烈，技術制裁擴大化。最終，市場因對美中在俄烏衝突後的政治氣氛下解決監管衝突信心不足而崩潰。

2022年3月16日，美國國務院金融穩定發展委員會召開專題會議。

關於中概股，會議強調，目前美中雙方監管機構保持了良好溝通，已取得積極進展，正在致力於形成具體合作方案；中國政府繼續支持各類企業到境外上市。

不過，美國上市公司會計監督委員會在中原標準時間3月24日晚給中國財新傳媒的一份宣告中稱：關於PCAOB與中方達成會計監管最終協議的猜測還為時尚早，「我們必須全面檢查相關審計文件。這是沒有商量餘地的」。

如何化解美中兩國的監管分歧？

中概股的審計工作底稿問題，從技術層面來說並不是無解之題。雙方本著「有問題就解決問題」的態度，可以避免監管問題政治化。

第一，設定資訊負面清單，避免資訊安全問題擴大。

中國金穩會指出，關於平臺經濟的治理，有關部門要按照市場化、法治化、國際化的方針完善既定方案，堅持穩中求進，透過規範、透明、可預期的監管，穩妥推進並盡快完成大型平臺公司整治工作，紅燈、綠燈都要設定好，促進平臺經濟平穩健康發展，提升國際競爭力。

什麼意思？就是為資訊流通設定紅綠燈，設定負面清單，明確哪些是涉及國家機密的資料，哪些是涉及資料主權的資訊，不能跨境貿易、海外儲存，不能提交審計工作底稿。負面清單之外的資料，可以正常操作。而且，審計工作底稿不會涉及全面的資料。這樣可以避免一網打盡，誤傷一些涉及不敏感資料的上市公司。

第二，設立離岸資料中心，避免資料安全管理脫鉤。

一些中概股網路平臺掌握了中國十億人的資料，包括消費、信用、移動資料以及指紋和面部等生物資料。如何管理這些資料是一個挑戰，尤其是在資料跨境方面，更需要確保安全。

中國政府規劃了 8 個算力中心節點和 10 個資料中心集群，建議再加上一個離岸資料中心。海外上市公司的資料和審計工作底稿儲存或備份在中國的離岸資料中心。海外監管機構和會計師事務所可依離岸制度來審查資料。如此，中國

◆ 策略建議：從風險管理到財稅改革

與海外機構均可以保持資料安全管理的政策穩定性。

近幾年，各國都強化了資料監管，也都面臨監管難題，主要問題是資料侵權和資料主權。其實，想要從根本上解決問題，還得從確立資料擁有權開始。

確立資料擁有權並沒有那麼難，我們個人的身分、交易、交流資訊都是個人資料，未經個人允許，禁止平臺儲存、使用與交易。還有一些資料，比如智慧駕駛的資料，可能是平臺與個人共享的，但只有個人開啟智慧系統，平臺才可以使用這些資料用於智慧駕駛。

確立資料擁有權的邏輯是法律賦予個人保護自己資料的權利，賦予個人使用和處置自己資料的權利。在法律信條和市場秩序之下，個人的力量比任何力量都更加強大。確立資料擁有權可以解決網路平臺對個人資料的侵犯問題，能夠大大降低資料跨境的風險，對資料主權有更好的保護作用。

國家主權是個人共同讓渡一部分私權組成的公權力，政府代行之；公共財政是個人共同讓渡一部分財產（稅收、土地），由政府代為管理。同理，先明確資料個人產權，然後個人才能共同讓渡一部分資料權形成公共資料權，比如基因資訊，就是資料主權。

全球化時代為各國政府帶來了一個難題：如何在保護主權與全球化合作中保持平衡？這需要開放的心態和務實的才

能。比如,透過將土地所有權拆分為所有權跟使用權,解決外國人購地的國家主權問題。

回顧美中關係的歷史,當年更大的衝突都能夠解決。回顧中概股的激盪歷史,中概股走到今天不易。它是美中科技金融合作的範例,若因監管衝突而集體下市,那意味著中概股時代的終結,以及更大的不確定性。中國網路有問題也有成果,務實的態度是有問題就解決問題,網路大廠的壟斷問題、資料侵權問題、準入限制問題都要解決。而對於資料跨境與審計工作底稿問題,可以設立離岸資料中心平衡兩國監管政策。

所以,中概股難題的解決,技術上沒有太大的問題。真正的難題是當今美中的關係限制著雙方尋求解決問題的方式的想像力。

最後,我們需要明白,重大技術創新是一項高風險事業,依賴於全球化資本與技術分工。斯密告訴我們,市場越大,分工越細。

全球化市場製造了最精細的分工、最先進的技術。人類星辰大海的夢想,一定是建立在自由合作、公平交易的全球化市場之上的。

◆ 策略建議：從風險管理到財稅改革

擴大金融開放的步驟與路徑

主要觀點：金融市場開放有利於人民幣金融資產的流動性、國際化，但需要穩重審慎。金融國營企業可以參考同股不同權的策略平穩過渡，「管資本」則可以避免市場控制權風險。推動中國金融市場向全面制度型開放轉型，有助於經濟高品質發展。

2019年，中國國務院推出多條金融業對外開放措施，條條關鍵，影響至深。概括起來，主要包括以下兩大內容：

一是「加速開放」，擴大外資持股限制，允許外資金融機構控股。

人身險外資股比限制提升，實行時間提前。取消證券公司、基金管理公司和期貨公司外資股比限制的時間提前。

金融開放、總體政策規劃，大勢所趨，一場變革即將展開。

早在2018年，中國人民銀行就提出取消銀行和金融資產管理公司的外資持股比例限制，將證券公司、基金管理公司、期貨公司、人身險公司的外資持股比例上限放寬至51%，並在3年後（即2021年）不再設限等。

金融對外開放的政策正在提前落實金融市場開放計畫。

二是降低外資市場準入門檻,開放多項金融業務經營許可。

外資信用評級機構可以從事「所有種類債券評級」,「鼓勵境外金融機構參與設立、投資入股商業銀行理財子公司」,「允許境外金融機構投資設立、持股養老金管理公司」。

「支持外資全資設立或持股貨幣經理公司」,「放寬外資保險公司準入條件,取消經營年限要求」,允許境外投資者持有保險資產管理公司股份超過25％,「允許外資機構獲得銀行間債券市場A類主承銷牌照」。

每一波市場開放操作,都會引起「狼來了」的擔憂。

對外開放,並不能隨隨便便成功。全球開放經濟體不少,如巴西、阿根廷、新加坡、日本等,有贏有輸,有好有壞。

金融市場的開放,或許會引發一連串的連鎖反應。我們要如何應對?

01 「黃金股」同股不同權,探索過渡策略

中國金融市場開放,金融國營企業首先面臨的是持股比例下降、控制權流失的問題。

這是一個過渡期問題。如何避免在過渡期內出現國有金融企業尚未提升競爭力,就將股份拱手相讓,而後又難以奪

◆ 策略建議：從風險管理到財稅改革

回的難題？

我們先來看一個案例 —— 德國《大眾法》。

1960 年，德國政府為了保護大眾公司在私有化過程中不被外資財團惡意收購，推出了《大眾法》。

該法要求當時屬於國有的大眾公司 60％股份上市流通，另 40％股份暫時保留在聯邦政府和大眾公司總部所在的下薩克森州政府手中。

《大眾法》還規定下薩克森州政府有權任命兩名大眾公司監事會成員，並有權阻止議程通過。這兩個監事會成員的位置通常由下薩克森州州長及經濟部部長擔任。

其中，最關鍵的是第二條，設定了「同股不同權」的持股方式 —— 任何大眾公司股東不得行使超過 20％的表決權。

持股如果超過 20％怎麼辦？持股超過 20％，表決權也不會增加，也只有 20％。除非持股達 80％，表決權才會升至 80％，從而構成對大眾公司的絕對控股。

為什麼是 80％？

這個數字有意思。因為德國政府持有 20.1％的大眾股份，不多不少，剛剛好。這就意味著，如果德國政府不「開恩」，外資公司及收購者永遠無法取得大眾公司的控制權。

當時，保時捷公司對德國大眾感興趣，曾打著「阻止大眾公司被外界惡意收購」的名義，增持了大眾公司的股份，

成為德國政府之後的第二大股東。

2005年,保時捷公司再次增持大眾股份後持股比例超過了德國政府,成為大眾公司的第一大股東。此時,成為大股東的保時捷公司並不願意屈居德國政府之下,試圖奪取控制權。

一場「蛇吞象」的好戲一觸即發。

保時捷公司欲獲得大眾公司控制權,就必須推翻或越過《大眾法》。

2007年,保時捷公司跑去找歐盟評理,求助於歐盟這個「大家長」。同年10月,歐盟最高法院歐洲法院認為,德國《大眾法》違反了《歐盟競爭法》之自由競爭原則,要求德國政府廢除《大眾法》。

《歐盟競爭法》被認為是「歐盟經濟憲法」,高於歐盟成員國相關經濟法律。

《大眾法》被廢除後,保時捷公司一舉拿下大眾公司42.6%的股份,距離控制大眾公司僅一步之遙,然而令人沒有想到的是,保時捷公司不但沒能成功收購大眾公司,最終反被大眾公司收購。

這又是怎麼回事呢?

原來,雖然《大眾法》被廢,但德國還有一部《商法典》。這部法律規定,當持有者的股份達到75%時,才能實

◆ 策略建議：從風險管理到財稅改革

際上獲得對該公司的控制權。

換言之，保時捷公司必須取得 75% 股份，才能真正獲得對大眾公司的控制權。

已行至半程的保時捷公司已然沒有退路，採用全款購買的方式買入了 31.5% 的大眾股份認購期權，加上明面上的 42.6%，手中可以支配的大眾股份已經高達 74.1%。

就差 0.9%！

但是，除去德國政府控制的 20.1% 股份，市場上流通的大眾股份只剩下 5.8%。

這就意味著，大眾的股價會被抬到天上去。

2008 年 10 月 27 日，保時捷公司動手，大眾股價直線飆升，從上一個交易日的 210 歐元上升到了 519 歐元，第二天更是飆升至 1,005 歐元，暴漲了近 400%。大眾汽車的總市值在那一刻高達 2,960 億歐元，市值達到全球公司最高。第三天，法蘭克福證交所擔心市場風險，出面協調，保時捷公司同意釋放出 5% 的大眾股票期權，股價才得以平復。

保時捷公司這招凶狠的「虎口奪食」並未成功。

令保時捷公司更沒有想到的是，此時金融海嘯衝擊全球，汽車市場陷入萎縮，保時捷銷量下滑。本已因收購而債臺高築的保時捷公司元氣大傷。

由於尚未取得大眾控制權，無法用大眾財務資金來還

債,保時捷不得不放棄併購,轉而與大眾「和談」。

2009年,手握大量現金的大眾,以40億歐元反向收購了保時捷49.9%的股權。3年後,大眾又以44.6億歐元拿下剩餘的50.1%,實現了對保時捷公司的百分之百控股。

至此,保時捷公司「夢碎」,大眾公司笑到了最後。

回顧這個案例,你會發現,德國《大眾法》雖然最後被歐盟最高法院判決無效,但是卻保護了大眾公司長達47年之久。在這個足夠長的過渡期內,德國大眾在保時捷發起收購時已經成長為全球第一汽車廠商。

具有與《大眾法》「同股不同權」類似規定的德國《商法典》,在大眾公司被收購過程中產生了關鍵的保護作用,至今依然是德國國營企業及大型企業的「保護傘」。

事實上,歐盟各國家,如義大利、西班牙、葡萄牙,一直都有類似的法律保護本國營企業業不被外資惡意收購。歐美各國政府為了實現對表決權的控制,在一些大型企業中都設定了不可動搖的「黃金股」。

在當前歐盟的法律架構中,政府持有的「黃金股」允許在國防、能源等影響國家策略的產業中存在。

這種保護策略的精髓在於「同股不同權」。

美國早期流行的AB股模式,也是典型的「同股不同權」。

✦ 策略建議：從風險管理到財稅改革

AB 股模式將股票分為 A、B 兩個系列，其中對外部投資者發行的 A 系列普通股每股有 1 票投票權，而管理層持有的 B 系列普通股每股則有 N 票（通常為 10 票）投票權。

簡而言之，持有 B 股的投資者，可以獲得 10 倍或更多表決權。

2000 年，美國總共有 482 家公司採用雙重投票結構，在網路泡沫破裂後，到 2002 年下降到 362 家，此後繼續減少，到 2010 年只有 12 家公司在上市時採用該結構。

不過，「同股不同權」模式依然流行於科技企業，如美國的 Google、Facebook、Groupon 和 Zynga，以及中國的阿里巴巴、京東、百度等。

當年，有大型公司放棄在香港交易所（當時不允許同股不同權）上市，是考慮到其持股比例太少，上市恐失去控制權。之後，港交所也痛定思痛，修改制度，允許「同股不同權」，吸引大型企業赴港上市。

基於以上案例，我們探討一種金融市場開放的過渡期策略：同股不同權。

具體方案是：國營企業推行「同股不同權」改革，政府固定持有一定的「黃金股」（如底線為 20.1％），外資、社會資本持有「白金股」。

「白金股」持股超過 20％須遵循「同股不同權」的原則：

超40％，獲25％表決權；超50％，獲35％表決權；超60％，獲50%表決權；超70％，則能夠「同股同權」，獲股份對等表決權，擁有控制權（以上資料為假設情況）。

「空缺」表決權歸屬企業高階主管（如總經理）和工會（職工代表）。例如，某外資公司持有45%「白金股」，獲得25％表決權，另外20%表決權歸屬高階主管及職工代表。

這種方式有什麼好處？

第一，避免市場開放後，將國營企業股份拱手讓與外資銀行，失去對國營企業的控制權。

第二，透過「同股不同權」改革，國營企業可以有序地、主動地對外開放，走向競爭性市場。

第三，推動國營企業向股份制企業過渡，促進國營企業混合所有制改革。

第四，「同股不同權」符合「專業化分工」的規律，可以充分發揮創始人、企業家、專業經理人的專業才能。

第五，部分「空缺」表決權留給職工代表，符合「全民所有」的根本原則，讓職工掌控部分表決權。事實上，德國很多大型企業中，職工都有一定的表決權和監公共事務管理權。

市場保護，尤其是在壟斷市場，不利於競爭力和創新力的提升。

◆ 策略建議：從風險管理到財稅改革

與市場保護不同，股權保護只是避免國營企業控制權短期內輕易丟失，但國營企業依然面臨巨大的市場競爭壓力。市場競爭有助於倒逼國營企業提升競爭力。

在《大眾法》的保護下，國有控股的德國大眾成為全球出色的汽車廠商。當「野蠻人」來敲門時，手握大量現金的大眾公司反向收購了對手。

在「同股不同權」的制度下，只要政府掌控一定的「黃金股」，「華爾街之狼」欲奪取控制權，股價自然會飆升，必然如保時捷公司一般付出巨大的成本。

當然，這只是過渡期的手段，主動改革與逐步開放相對應的策略，並非長久之策，也非不開放之目的。

02 管資本
從管資產到管資本，探路國營企業混改

「黃金股」只能解決國營企業控制權問題，那市場控制權問題如何解決呢？

金融市場開放，華爾街金融大廠擁有強大的資本、人才及管理競爭力，中國國營企業的壓力不小。市場占有率及控制權完全來自市場競爭，此外別無他法。

如何進一步提高國營企業的市場競爭力？有沒有國際經驗可以借鑑？

德國政府控制的大眾汽車公司就是其中的佼佼者。

在德國，國營企業一般被稱為公共企業，主要分為兩類：一是具有特殊使命的不以營利為目的的國營企業；二是國家控股或持股的有限責任公司或股份公司。

據德國聯邦財政部統計，截至 2014 年底，德國聯邦政府直接參與企業、機構和基金持股共計 107 家，間接持股且持股比例在 25% 以上的企業共計 566 家，兩者合計 673 家。

據德國納稅人聯盟統計，德國各聯邦州政府目前持股企業、機構和基金共計 1,429 家，其中，直接持股 787 家，間接持股 642 家。

除大眾汽車公司外，德國電信、德國商業銀行、德國鐵路、薩爾茲吉特集團、巴登──符騰堡州能源公司、展覽公司、空中巴士、德國郵政、潘德布雷夫債券銀行、萊茵集團，都是德國政府控股或持股企業。

德國政府持股國營企業主要集中在基礎設施、教育科學研究、能源供應、資訊通訊、鐵路汽車、銀行金融等領域。

德國國營企業的競爭力來自市場，而非市場壟斷。德國政府較少干涉國營企業經營決策，國營企業實施專業化、技術化，而非官僚化、行政化經營。

根據德國法律，德國部長或總理不能成為企業董監事成員，只有德國電信和德國郵政的監督機構由國家祕書處兼任。

◆ 策略建議：從風險管理到財稅改革

伴隨著金融及非競爭性市場開放，中國央屬企業將面臨一次市場化、專業化的「深水區」改革。

中國央屬企業改革史，就是一部中國改革開放的歷史。

過去 40 多年，中國央屬企業改革圍繞著產權改革、制度改革及市場開放而展開，主要經歷了三個階段[20]。

一是 1978 年到 1992 年的承包制和「放權讓利」；二是 1993 年到 2002 年建立的現代企業制度和「抓大放小」；三是 2003 年國資委成立之後的「大型央屬企業」。

發展到「大型央屬企業」時代後，國營企業（尤其是央屬企業）從虧損企業發展成為盈利「巨無霸」。

傳統國營企業如何才能與「華爾街之狼」一起爭食？如何改革才能做到「既不丟失股份，又能贏得競爭」？

筆者認為，目前學界分為競爭派和制度派兩大國營企業改革流派：

競爭派強調打破壟斷，開放市場，以競爭逼迫中國國營企業降本增效；制度派則側重於建立現代企業制度，提高內部管理效率。

當前，中國國營企業改革的總體規劃是混合所有制改革，但混改的整體進展比較緩慢。有人提出：如何確保混改後國營企業不丟失控制權？

---

[20] 任澤平。國營企業改革的歷史、現狀與建議 [EB/OL]。新浪財經，2018-11-15。

筆者認為核心在於「管資本」。

過去國營企業的思路是「管資產」，為涉及國計民生的產業當「守護人」，管理好石油、電網、電信、菸草、鐵路、銀行等不完全競爭領域的國有資產，促進資產服務於國民經濟和民生事業。與「管資產」相比，「管資本」更加市場化，更符合企業逐利的天性，因為企業不拘泥於某個行業，追求資本增值和投資利潤。

德國政府「管資產」與「管資本」相結合，在一些重要領域，如鐵路，管控「國有資產」。德國《基本法》和《鐵路基礎設施使用法》規定，允許聯邦出售德國鐵路公司的股份份額不得超過全部股份的49%。德國政府也會在金融、銀行、汽車等領域進行資本管理。

「管資本」最典型的案例莫過於新加坡的國有企業淡馬錫。

淡馬錫隸屬新加坡財政部，是一家典型的投資類國營企業，投資了建設銀行、工業銀行、民生銀行、中國銀行、渣打銀行、巴克萊銀行、屈臣氏、新加坡航空等。也投資了中國多家大型網路服務企業。

與「管資產」相比，「管資本」具有市場競爭靈活性。歷史上，核心資產一直都在發生變化，過去運河是關鍵資產，後來變成了鐵路，再後來是航空和汽車。坐擁運河和鐵路的政府，大部分失去了對航空和汽車的投資機會。

◆ 策略建議：從風險管理到財稅改革

工業時代，石油、能源、化工是關鍵資產。數位時代，大數據、技術標準是關鍵資產。當大數據、雲端運算、人工智慧產業成為關鍵產業時，若「抱殘守舊」，則可能錯失良機。

前些年，美國爆發頁岩氣革命，一批小型創新型公司崛起，美國石油公司亦憑藉對小型創新型公司的投資，獲取了頁岩氣的控制權。

最典型的案例是，進入網路時代後，大型網路企業擊潰了電信、移動的行動通訊業務。

中國各城市國營企業百貨商場最終都退出了市場，外資、社會資本殺入零售市場，電商平臺的崛起撕開一道破口，國有資本錯失了機會。

曾經有如今的大型網路服務企業尋求中國政府單位投資，但當時有關單位因為看不懂這個新興商業模式，而草草打發。

所以，「管資本」不是「固守本土、固守本業」，而是靈活逐利，該買的時候買入，該賣的時候賣出。以盈利為目的，而不以控制產業為目的，由國營企業負責「國有資本」保質、增值。

如今，大部分市場和金融市場一樣，面臨更加開放的國際競爭，只有「管資本」能夠適應這一大趨勢。

但是,「管資本」意味著我們必須放棄對一些領域的絕對控制權。這一步如履薄冰。

所以,建議採取分類改革的辦法:

在特殊領域,如軍工、鐵路、航太、電力等國家策略性領域,採取「管資產」方式:固守國有股份,控制市場占有率,直接參與經營管理。

在關鍵領域,如電信、石油、銀行、證券、保險、鋼鐵、汽車、教育等領域,採取「管資本」為主的方式:確定政府的「黃金股」

底線不動搖,外資、社會資本採用「同股不同權」的「白金股」,以財務投資和資產控制為「雙目標」,較少直接參與經營管理。

在創新領域,如網路、新能源、人工智慧、高階製造裝備等領域,採取「管資本」方式:政府不設「黃金股」底線,投資科技企業、高階製造業,完全以財務投資為目標,以盈利為目的。

需要注意的是,「管資產」理念、策略及制度改變的難度不小,「國有資產」的紅線壓力極大。

早在 1920 年代,奧地利學派第三代掌門人米塞斯(Ludwig von Mises)就敏銳地發現,壟斷環境下的國營企業,排斥一切不確定性風險,缺乏追逐風險利潤的動力。

◆ 策略建議：從風險管理到財稅改革

市場開放之後，生存壓力或許會倒逼國營企業「謀變」。若市場占有率減少，擔心國資流失、畏懼冒險的心態可能會被扭轉，被迫求勝的求生欲，或許會成為走上「管資本」之路的動力。高效的管理機制及卓越的團隊是「管資本」的基本前提。

「黃金股」是過渡期的手段，「管資本」才是目的。

03 雙軌制
抑制債務風險，轉變成長方式

「黃金股」緩解國營企業控制權喪失風險，「管資本」解決市場控制權流失風險。

金融市場開放的第三道風險，是整個金融體系的風險。

金融市場開放，意味著中國擁有規模更龐大、競爭更充分、資金更自由的全球化市場。但是，金融市場開放並不意味著更高的經濟福利。

古典主義經濟學家認為，市場開放、自由競爭，可以實現資源分配的最佳狀態。1929年經濟危機及大蕭條後，西方政府接受了凱因斯的主張，直接干預市場。

但1970年代，西方普遍陷入停滯性通貨膨脹危機，政府干預主義被棄。此後所興起的新自由主義、新奧地利學派、新制度經濟學、公共選擇、社會選擇、法與經濟學等，最終

都指向一點：法治市場經濟 —— 透過制度、憲政、法律約束市場行為以及政府行為。

所以，金融市場開放必須配以有效的金融制度 —— 利率、匯率、貨幣、財政、證券及金融制度。

只有有效的金融制度，才能抵禦第三道風險。

泰國、阿根廷、巴西、墨西哥等都曾經爆發外溢性金融危機，其主要原因不是金融開放，而是沒有建立與金融開放相應的金融制度。

當前中國的金融制度並不是一個完全市場化、開放化的制度。

這種制度構築了防範國際外溢性金融風險的銅牆鐵壁，也成為中國成長方式的核心。

中國是一個非完全開放經濟體，成長方式依賴貨幣、財政、匯率、利率等金融政策。在一個非完全開放經濟體中，貨幣及財政刺激促進經濟成長的短期效果比較明顯。

過去 10 年，中國貨幣平均成長速度超過了 GDP、房價、居民可支配收入等。貨幣盛世之下的基建、房產投資形成了一條明顯的路徑依賴。

這條路徑大致如下：一是貨幣從央行到商業銀行，再從商業銀行表內流到國營企業，這是成熟的體制軌道；二是貨幣從商業銀行表外流到信託、私募基金、資產管理，再流到

◆ 策略建議：從風險管理到財稅改革

房地產以及私人手中，這是從體制內到體制外的軌道。

這裡出現了利率「雙軌制」以及資本價格差，形成了資金「貿易」鏈：商業銀行將資金批發給資產管理、信託、私募基金，再分配給中小型地產及私人部門。

中國國有及大型地產在高周轉模式之下，可以拿到不少無息貸款；而中小型房地產以及大部分私人企業很難在銀行獲得貸款，它們向信託、私募基金、資產管理公司融資，成本遠高於銀行貸款、無息貸款。

在買方市場下，開發商的融資成本上升進一步推升了房價，最終由買房者承擔了高資產價格風險。

在這個資金鏈中，商業銀行和信託、基金公司、資產管理，以及房地產公司都是獲利者。

這條流動的資金鏈，基本上反映了中國經濟成長方式的內涵。

但是，中國的金融市場開放後，將會出現以下幾種變化：

第一，過去銀行、證券、私募、資產管理等金融機構頂著「高人一等」的金字招牌，卻長期從事簡單資金「貿易」業務，在金融產品創新、市場風控、金融制度革新等方面都與國際資金存在差距，整個金融系統「大而不強」。

中國金融市場開放後，銀行、金融機構「穩贏」的時代結束，盈利、風控及創新壓力都會增加，倒逼金融企業提高

競爭力。

第二,開放市場促進利率「接軌」,結束資本「價格雙軌制」,利率逐漸進入市場化時代。

在1990年代前後,中國出現了商品價格雙軌制改革。當時,體制內與體制外兩種價格體系需要「接軌」,終結商品「套利者」的獲利空間。

1984年,中國一批年輕經濟學家召開了會議,向中國政府提出了價格闖關的改革政策建議,被稱為價格雙軌制改革。

開始,中國採取「調」與「放」相結合的方式,讓兩個軌道的價格差縮小,最終達成接軌。當前,中國貨幣發行及利率以「調」為主,政策指導、精準投放的動作頻頻。但是,政策性調節不如市場化配置高效和充分,在寬貨幣政策之下,融資難和融資貴的問題依然突出。

所以,開放市場,促使利率「接軌」,實現利率市場化,才是根本之道。

利率市場化並不能像商品「價格接軌」一樣一放了之,其要求商業銀行更加獨立,對商業銀行的監管更加科學有效。這就是利率市場化的制度性改革。

在資金「貿易」年代,商業銀行缺乏足夠的獨立性,授信貸款易受政策及行政干預,銀行風控的獨立度、科學度、專業度不足。

策略建議：從風險管理到財稅改革

只有商業銀行獨立決策，按照市場風險和盈利提供授信和貸款，對資金管理及風控負責，才能真正支持利率市場化。

中國央行及監管部門則對銀行業務實行有效監管，透過調整拆解利率實現對利率市場的干預和引導。

第三，開放市場，促使匯率走向自由化，實現價格「接軌」。

匯率是中國金融改革的最後一道關口。

當前，中國實行的是有管制的匯率制度，管控國際資金進出。

離岸人民幣與在岸人民幣形成兩條價格鏈，沒有實現「接軌」。

中國金融開放後，匯率價格將會逐漸走向「接軌」。在保證貨幣獨立性的同時，逐漸實現浮動匯率和資本自由流通，符合「三元悖論」。

與利率不同，匯率改革的時機更為重要。匯率最忌諱波動，不管是人民幣貶值還是升值，都不宜過度。

當前，中國匯率改革的被動之處在於過去貨幣寬鬆政策下形成的較高資產價格及負債率。

有一組資料可以呈現中國匯率自由化的壓力：

2001 年 2 月，美元的 M2 是 5 兆美元，人民幣的 M2 是

13.439兆元人民幣，美元M2總量約是人民幣的3倍，當時人民幣兌美元匯率是8.3。

2019年7月，美元的M2是14.8194兆美元，人民幣的M2是192.14兆元人民幣，二者大小反過來了，人民幣M2總量是美元的1.88倍，當時人民幣兌美元匯率是6.88。

從2001年到2019年，中國GDP大規模增加，貨幣增加的一部分是經濟成長之需。但是，當前中國的經濟規模只有美國的六成左右，貨幣總量卻是對方的1.88倍，同時較之前的8.3，匯率反而下降到了6.88。

如此對比，人民幣的真實匯率還需接受國際市場的考驗，而考驗的風險則比較難預計。

不過，控制貨幣增量，盡量降低資產價格以及負債率，避免外溢性風險戳破泡沫，有利於匯率市場化的推進。

首先要面對的是房價以及與房地產有關的債務風險，平抑房價或使其緩慢下降，匯率市場化的風險才能降得更低。

第四，金融市場開放，中國走向開放經濟體，意味著中國經濟成長方式需要轉變。

由管制匯率制度、資本管控、貨幣政策、財政政策以及國有銀行體系構成的政策性成長方式，其邊際成長可能會下降。在開放經濟體中，貨幣和財政刺激的效果會下降。

若中國央行提高利率，則國際資金可能流入，平抑利率

價格；若實行寬鬆貨幣政策，發行更多基礎貨幣，那麼資本可能流出，貨幣總量下降，刺激政策效果減弱。同時，匯率市場可能出現自由波動，增加不確定性風險。

所以，要實行金融市場開放，中國需在有限的期間內轉變經濟成長方式，從政策型成長轉變為市場型成長，與國際接軌，適應國際規則，遵循國際市場規律，這樣才能創造更大的經濟福利。

以改革迎接開放，是主動之策、理想之選，但現實往往是開放逼迫改革。或許，後者更符合人性以及歷史規律。

參考文獻

[1] 路德維希‧馮‧米塞斯。人的行為 [M]。夏道平，譯。上海：上海社會科學院出版社，2015。

中國財政稅收改革的歷史與建議

主要觀點：1994年分稅制改革對中國財政體系有深刻影響，諸多改革經驗可資借鑑。財稅改革深化，要注重總體稅負、預算約束、財政與經濟的關係，向財政科學化、精細化管理發展。本部分追溯分稅制改革的歷史及經驗，釐清現行財稅體系結構，提出「土地財政」改革及地方債務化解的建議。

01 改革

中國現行的財政體系主要是1994年分稅制改革奠定的。

在改革開放之前，中國財政體系單一，財政收入主要靠公有制企業繳納利潤，稅收占財政收入的比重只有50％，稅收制度尚未完善。

改革開放後，中國開始實施「以稅代利」的財政改革，稅收占財政收入的比重上升到90％左右。但是，對國有、集體、民營、外資、個體戶實施不同的稅制，導致出現了「多軌稅制」，稅收混亂且有失公平。

當時，中國正在實施關鍵的價格改革，從計劃價格逐步轉向市場價格，而政府使用稅收來調節價格，這與稅收政策目標不符。

◆ 策略建議：從風險管理到財稅改革

1987年，在中國的改革浪潮下，開始實施財稅承包制。在財稅承包制中，政府與企業之間更像是一種交易關係。不同性質的企業與所隸屬的管理部門簽署稅收、利潤承包合約。財稅承包制實施的時間不長，但問題漸漸浮現，主要包括：

一是財政收入下滑，中國政府財政陷入困境。財政收入占GDP比重從1979年的28％下滑到1993年的12％；中國政府財政收入占財政收入比重從1983年的40.5％下滑到1993年的22％。實施財稅承包制期間，中國政府財政連續赤字，多次向地方借錢，甚至直接向中國央行借貸。

二是地方經濟藩籬興起，地方財政不平衡加劇，但中國政府又難以對財政困難地區提供資金支援。

三是稅收制度不完善，稅利承包不透明、缺乏監督，稅收尋租空間大。

1994年，時任中國國務院副總理的朱鎔基全面推行財政稅收制度改革，這就是分稅制改革。分稅制改革涉及稅收、預算、價格、金融、投資、外貿等眾多領域，是一次整體性的財政體系改革。

中國財政部原部長樓繼偉認為：1994年稅制改革，是新中國成立以來規模最大、範圍最廣泛、內容最深刻的一次稅制改革，初步建構了社會主義市場經濟的稅制總體架構。

我們重點關注三點：

一是重構中央與地方的財務權與公共事務管理權。所謂財政，財主要是收入與支出，政是行政權力與責任。財政體制改革的重點是改革各級政府之間的財政關係，主要是財政收支與公共事務管理權責任的配合關係。分稅制改革的目標之一是改變財政地方強、中央弱的現象，以及地方保護主義的財政格局，增加政府財政收入比重，同時強化政府對落後地區的資金支持。

分稅制改革將稅收劃分為中央稅、地方稅、共享稅。改革後，中央稅收收入占比要大於地方稅收收入。主體稅種增值稅作為分享稅，75%歸屬中央，25%歸屬地方。

啟動分稅制改革的1994年，中央財政收入占財政收入比重就從1993年的22%上升到55.7%；按一般公共性預算計算標準，該數據此後基本維持在50%左右。

二是取消財稅承包制，打破「多軌稅制」，實施統一稅收，建立了以增值稅為核心，所得稅為補充，營業稅、消費稅、資源稅為輔助的稅收體系。

設立核算複雜的增值稅作為稅收核心，是分稅制改革最關鍵的部分，決定了改革的成敗。1994年，增值稅收入占稅收總收入比重達到45%，此後基本維持這個水準。這決定了中國稅收結構以流轉稅為主。

策略建議:從風險管理到財稅改革

三是建立與市場經濟相應的現代政府預算管理制度。之前是有多少花多少,不夠再向國營企業收取一筆調節基金,但 1995 年中國開始實施預演算法,政府編制一般公共預算。

另外,兼任中國人民銀行行長的朱鎔基取消了人民銀行分行的再貸款權力,分行只能提供資訊和實行監管。這是人民銀行改革的重要一步,阻止了中央財政直接向中央銀行融資,化解了中央財政赤字貨幣化風險。

這次財政改革,「財改」大於「政改」,中央和地方的稅收劃分大幅調整,但公共事務管理權責任變動不大,這就出現了中央和地方公共事務管理權和支出責任劃分上的不合理。簡單來說,地方財政收入少,但承擔的支出責任大,在權責分配上要全面負責地區的教育、交通、醫療、環境、公共事務、社會福利等。

如何解決這個問題?

分稅制改革設立了稅收返還機制,即中央財政將部分稅收返還給地方,以平衡央地財政關係;同時透過轉移支付的方式加大對落後地區的財政支持,以緩解地方財政不平衡的矛盾。1994 年,中國政府財政對地方的稅收返還達當年財政收入總量的 62%。

這在相當程度上降低了改革的阻力。為了確保稅改的順利和稅收返還的穩定,對增值稅、消費稅採取增量等比返還

的方式，上繳給中央的增值稅和消費稅收入每成長1%，中央對其稅收返還成長0.3%。

分稅制改革後，全國財政收入隨著經濟成長而「水漲船高」，每年中央和地方的財政成長速度均高於經濟成長速度。中央對地方平衡性轉移支付規模也持續擴大。

客觀上來說，中國的分稅制改革是一次非常成功的制度改革。

02 債務

分稅制改革後，中國中央政府財政收支持續增加，但地方財政一直偏緊，中央稅收返還和轉移支付依然沒有解決地方財政收入不足與支出責任過大的矛盾。

於是，地方政府「窮則思變」，最終在土地上找到突破口。分稅制改革時，中央將城市國有土地使用權出讓金收入撥給地方政府。當時，中國的全國性城市化和房地產市場化尚未興起，各級政府沒有意識到土地出讓金的巨大潛力。更何況，城鎮住房制度改革的基調還是「不能操之過急」。

1997年，亞洲金融危機爆發。為了應對經濟危機，政府提出應加快住房建設，促進經濟成長與消費，由此房地產改革共識再度達成。1998年房地產市場化改革啟動，2003年便發表了相應政策。

◆ 策略建議：從風險管理到財稅改革

　　房地產市場化改革啟動了這個市場。隨著房地產市場的迅速崛起，地方政府的土地使用權出讓金收入也大規模增加，相當程度上緩解了地方財政困境。從 2003 年開始，中國政府推動全國基礎建設，地方則推動房地產遍地開花。

　　分稅制改革是否催生了中國土地財政模式？

　　有專家不認同這種說法。其實，不論地方是否缺錢，地方都有實施依靠土地增加收入的動機。為什麼？一個重要理由是，中國長期實施 GDP 競賽，各級地方政府對功能財政的需求強烈，期望透過擴大支出來推動經濟規模成長。房地產市場化後，長期寬貨幣寬信用、國有銀行制度和非市場化利率為土地財政創造了絕佳條件。

　　不過，總體來說，1998 年到 2007 年這十年還屬於中國房地產市場化的十年。房價上漲迅速，是之前土地價值被抑制的反彈，也是經濟和收入快速成長的結果。這十年，儘管土地出讓金收入快速增加，但地方財政還不能定義為土地財政，因為其財政收入主要來自稅收。

　　2008 年，全球金融危機爆發，緊接著，中國推出救市計畫，中國央行實施寬鬆政策，房地產市場迅速反彈。地方政府的土地使用權出讓金收入快速增加，土地相關財政收入依賴度越來越大。

　　2014 年，隨著救市刺激效果衰退，中國各地房地產庫存

大增，於是，全國開始了現金補償拆遷戶的政策。現金補償拆遷戶指的是，政府直接以現金的方式補償被拆遷戶，後者拿到現金到市場上去買房。問題是政府的錢從哪裡來？

2014年4月，中國人民銀行創設了一種工具叫抵押補充貸款（PSL），中央銀行透過PSL向政策性銀行（如國開行）提供貸款，國開行再向地方政府提供貸款。資料顯示，2014年7月，中國人民銀行向國開行注入為期3年1兆人民幣的PSL，利率4.5%，用於支持拆遷區改造、社會住宅工程等。2015年6月，央行再次向政策性銀行進行PSL操作，利率下調至3.1%，規模達1.5兆人民幣。PSL的期末餘額從2015年5月的6,459億人民幣，迅速增加至2017年2兆人民幣左右的規模。

PSL多數投向中國三四線城市，相當於向三四線城市的房地產市場投放定向寬鬆貨幣。從2015年開始，中國房價普遍大漲，新一線城市和三四線城市上漲迅速。

2008年到2017年這十年是房地產從市場化過渡到貨幣化的十年。土地出讓金收入大規模增加，地方財政進入土地財政階段，土地財政依賴度越來越大。2012年中國財政部門增設政府性基金收支帳冊，當年地方政府性基金收入3.42兆人民幣，其中土地使用權出讓金收入為2.85兆人民幣。土地使用權出讓金收入占地方政府性基金收入的83%，與當年地方一般公共預算收入比值為0.46。

◆ 策略建議：從風險管理到財稅改革

2015 年，中國開始實施新的預算法，政府預算設立四個帳冊：一般公共預算、政府性基金預算、國有資本經營預算和社會保險基金預算。其中，一般公共預算收入主要是稅收，政府性基金預算收入主要是土地出讓金，國有資本經營預算收入主要是國有企業利潤，社會保險基金預算收入主要是社保收入。

到 2017 年，土地使用權出讓金收入上升到 5.2 兆人民幣，占地方政府性基金收入的比例上升到 90％，與地方一般公共預算本級收入之比上升到 0.56。相對地，從 2007 年到 2016 年，地方稅收占地方財政收入的比重從 82％下降到 74％。這說明地方對土地經濟模式依賴度持續擴大。

在土地經濟收入增加的同時，地方債務規模迅速擴張。從 2007 年到 2016 年，財政赤字占地方生產總值的比重從 5.28％上升到 9.37％。2017 年，中國的地方債務餘額首次超過了公債餘額。2020 年末地方債務率（顯性債務餘額／地方綜合財力）超過 97％，逼近國際警戒區間下限（100％）。另外，地方隱性債務規模較大、風險較高。

需要注意的是，從 2018 年開始，地方債務結構發生了改變：

一般債規模迅速下滑，專案債券規模迅速增加。資料顯示，從 2018 年到 2020 年，中國地方政府的一般債與專案債券連年增加。

這是為什麼？

一般債依託於地方一般公共預算收入，專案債券依託於土地及專案收入。2020年全中國的一般公共預算收入皆少於支出，赤字逾兆。這為一般債融資帶來了難度。

實際上，從2018年開始，在寬貨幣寬信貸政策的支持下，地方財政又從依賴土地轉向「雙支柱」：土地財政貨幣化和財政專案債券化。

2020年，土地財政收入達到巔峰。全中國土地使用權出讓金收創下了新紀錄。土地使用權出讓金收入與地方一般公共預算本級收入之比上升至0.84。土地財政依賴度超過100％的城市有20個，超過50％的城市有40個。同時，這一年，專案債券占地方債務的79％。

2021年，中國央行及監管部門發表政策深度整頓房地產市場。

針對開發商及銀行放貸的限制政策嚴格控制了房地產市場的流動性。中國房地產市場進入寒冬，大型開發商爆發債務危機。於是，土地財政上演了最後的瘋狂，大規模出讓土地和重點城市的集中土地拍賣，將土地出讓金規模不斷推升至超過8兆人民幣。2022年第一季度，地方財政從「雙支柱」轉向專案債券。

2022年第一季度，中國房地產市場高度衰退，土地使用

◆ 策略建議：從風險管理到財稅改革

權出讓金較去年同期下降 27.4%。但是，全國政府性基金預算支出較去年同期成長 43%。其中，地方政府性基金預算相關支出較去年同期成長 42.9%。第一季度的政府性基金預算赤字達 10,945 億人民幣。土地出讓金收入下滑，靠什麼來彌補這項赤字？

目前來看，依靠專案債券。第一季度，地方政府性基金的支撐從土地出讓金收入轉向專案債券。2021 年 12 月，中央財政就提前下達地方 2022 年的新增專案債券，額度為 1.46 兆人民幣。截至 2022 年 3 月末，已發行 1.25 兆人民幣，占提前下達額度的 86%。第一季度，全國土地使用權出讓金收入減少了 3,000 多億人民幣，但專案債券增加了 1 萬多億人民幣。2022 年一共發放 3.65 兆人民幣的專案債券，要求在 6 月之前把大部分發下去。

接下來，政策會調整嗎？

03 改革

現在進入一個關鍵期：專案債券支撐的基建投資能否提振經濟？

專案債券能否支撐中國的房地產軟著陸？

這兩個問題的判斷，影響著下一步房地產及貨幣政策的調整。

中國中央政府的收入主要來自稅收，對土地出讓金的依賴要比地方政府小得多。中央層面更關注整體總體經濟的成長與風險。房地產在 2019 年之前是總體經濟成長的拉動力，但如今也被視為系統性金融風險的潛在誘因。2022 年第一季度，政策傾向於大規模投資基建來支撐經濟。

地方層面分為兩塊來看：近幾年中國省級政府專案債券規模大增，一定程度上降低了對土地財政的依賴，說明省級政府對房地產的信貸控制定力能夠與中央保持一致。不過，省級以下地方政府，沒有單獨發行專案債券的資格，對土地財政的依賴度非常大。同時，三四線城市又是房地產和土地出讓金深度下滑的地區，致使超過 100 個城市正在發表救市政策。

地方政府的土地收入和稅收收入萎縮，使得中央和省級政府的必須擴大資金支持，導致中央政府壓力增加，同時省級專案債券可能下沉或擴大化。最終，中央政府財政收入也需要地方稅收來支撐，省級專案債券主要靠土地財政及稅收收入來支撐。未來，繼續擴大基建投入是肯定的，2022 年計劃投資規模超過 1 兆人民幣的就有四個省。

但是，是否放鬆房地產信貸、重啟房地產市場和土地財政，中國政府還在評估中。

總結起來，從 1994 年分稅制改革開始，地方財政經歷了

◆ 策略建議：從風險管理到財稅改革

稅收、稅收與土地收入、土地收入及拆遷補助、土地收入貨幣化及專案債券四個階段，地方財政收入對土地、貨幣及債務的依賴越來越大。啟用專案債券的目的是試圖利用省級政府財政信用來降低地方財政對土地財政的依賴度以及債務履約風險。當省級財政的專案債券融資能力下降時，地方財政不得不依賴於中央財政以及公債。這就上升到了政府財政的最高信用，即國家信用。

所以，發行專案債券不是解決債務的辦法，終歸要回到發展上；財政、債務、房地產仍然有待深化改革。這場改革的深度、廣度和難度不亞於分稅制改革。財政改革方面，筆者認為需要處理好以下四重關係：

（一）中央與地方的關係：重構中央和地方財務權和公共事務管理權 1994 年分稅制改革後，中央和地方財務權和公共事務管理權一直有不平衡的問題。地方財政的一般性公共收入占比偏低，支出責任則越來越大。

隨著家庭收入的提升，民眾對養老、教育、住房、醫療等公共財的需求迅速增加，而這些支出責任大多落到地方政府身上。在四個帳冊中，社會保障支出負擔越來越重的養老和醫療，目前接近 30 個省處於虧空狀態，這一趨勢不斷加劇；一般公共預算支出負擔地方交通、教育、住房等公共設施和民生福利，這一項基本上，處於赤字狀態，而且赤字率上升壓力不斷增加。

財政改革的第一個方向是重構中央和地方財務權和公共事務管理權。過去，中國政府一直在擴大對地方的稅收返還和轉移支付，但更需要從制度上重新分配從中央到省級再到地市縣級的財務權和公共事務管理權。2022 年 4 月 20 日的深改會議強調，要清晰界定省以下財政公共事務管理權和支出責任。

此舉主要是為了防範地方債務風險，主要還是要調整中央與地方的增值稅、企業所得稅分享比例，同時授權地方針對三套及以上的房產徵收房地產稅。

（二）政府與個體的關係：啟用國有資本降低整體稅負，國有企業和國有資產是中國國民經濟的關鍵力量，國有企業的收入本質上就是財政收入。四大帳冊中就包括國有資產收支。

統計總體稅負時有一個全口徑統計，所謂全口徑，是指除了一般公共預算收入外，還包括政府性基金收入、國有資本經營收入（一項是國有土地收入，一項是國有企業收入）。按全口徑統計，中國的總體稅負為 35.2%，高於美國的 26.3%。

財政改革的第二個方向是降低總體稅負。具體操作：加強對國有企業的利潤和稅收的徵繳力道，降低個人所得稅率、企業所得稅率和增值稅率，降低社會保險繳納比例，取消一切行政費用，啟動流轉稅向直接稅改革。

◆ 策略建議：從風險管理到財稅改革

國有資產是全民資產，國有企業的利潤和稅收屬於全民繳納的稅收。中國央屬企業、國營企業每年上繳 30%～50% 的利潤用於充實人民的社會保險帳戶，以緩解虧空和養老醫療難題，降低企業和家庭的負擔。目前，中國地方財政四大帳冊中，國有資本經營收支最少，國營企業上繳的利潤有待提升。菸草央屬企業上繳比例為 25%，石油、電力、電信、煤炭等央屬企業僅為 20%，地方國營企業實際上繳比例還要低得多，遠低於法國國營企業的 50%，瑞典、丹麥、韓國的三分之一到三分之二，低於上市公司的平均分紅率。

早在 300 多年前，古典主義先驅威廉・佩悌（William Petty）就在其著名的《賦稅論》（*Treatise of Taxes and Contributions*）中針對如何能改善徵稅制度提出了這樣一種辦法：從英格蘭和威爾士的全部土地中劃出大約六分之一的土地，大約 400 萬英畝，作為國王的領地。國王收取地租，大約為 200 萬英鎊，作為稅收以支持公共開支。

威廉・佩悌認為，如果國有地租等同於納稅，那麼民眾就可以免稅，或減少納稅。他說，這種方法比較適合新的國家，比如愛爾蘭。如果愛爾蘭實施這種辦法，那麼任何在愛爾蘭購買土地的人就都不必再繳納原本在英國繳納的免役稅。

威廉・佩悌說：「如果一個國家平時就把地租的一部分以徵收土地稅的形式留給國家，而不需要對國民徵收臨時的

或突然的稅收,那麼,這個國家一定是一個幸福安康的國家。」

當然,這種做法並不能建立有效率的公共財政制度,但它卻給我們以啟示:降低總體稅負,財政能少取則少取,能多保障則多保障。

(三)財政與銀行的關係:使用法律手段約束財政紀律按照價格理論和柯爾奈(János Kornai)的理論,當今世界各國政府面臨兩大軟性約束:財政和貨幣,中國還要加上國有商業銀行的信貸。財政、貨幣與信貸三大約束軟化,容易擊潰財政紀律,導致財政和貨幣失控。簡單來說,就是中國央行給國有商業銀行貸款,國有商業銀行給政府貸款。

即便按以上邏輯合理分配中央和地方財務權和公共事務管理權,地方財政也不可避免地追逐土地財政和銀行信貸,這是由以上三大約束軟化決定的。所以,土地財政並不是分稅制改革的結果。

財政改革的第三個方向涉及銀行制度改革。首先是國有商業銀行市場化和利率自由化改革。如果缺乏充分的銀行競爭和自由的利率價格,信貸就會陷入「一放就亂、一管就死」的陷阱。比如,過去房地產貸款迅速膨脹,如今中國的八大行個人住房貸款不能超過 32.5%。如果利率失去對價格的柔性調節作用,房地產市場要不急速膨脹,要不迅速入冬。所以,應透過價格硬性約束商業銀行,進而硬性約束政府債務擴張。

◆ **策略建議：從風險管理到財稅改革**

目前，財政和貨幣都沒辦法實行價格硬性約束，開放經濟體還存在一定的價格硬性約束，但主要還是制度軟性約束。稍微有效的制度軟性約束是財政與央行各自獨立。比如，各國央行通行的做法是將貨幣政策目標指向通膨率，不能服務於政府目標。又如，分稅制改革時，中國人民銀行分行直接向中央及地方政府貸款的權力被取消，避免了財政赤字直接貨幣化融資。雖仍然是軟性約束，但財政紀律制度化還是有一定的效果的。

(四)財政與經濟的關係：功能財政過渡到民生平衡財政

財政支出作用於經濟。是投資基建、產業、央屬企業、國營企業，提供養老、住房、醫療，還是直接發現金給家庭？到底哪一種方式好？

很多人用名目 GDP 來評估好的標準。這樣，短期來說，中國政府更傾向於投資基建、央屬企業、國營企業來帶動經濟成長，這屬於功能型財政。但是，當基建和產業投資收益率下降時，功能財政的衝動容易誘發債務風險。

其實，好的標準應該是家庭實際收入增加，即將更多的財政投資養老、住房、醫療等社會福利設施，弱化財政拖動經濟的目標，追求財政平衡和穩健，這屬於民生平衡財政。當前，中國政府的迫切任務是增加醫療、教育、養老、住房的公共福利，切實增加普通家庭的收入，建立民生福利社會。

財政改革的第四個方向是財政激勵制度。激勵地方政府財政收入更多來自稅基擴大，而不是舉債；激勵政府財政支出更多投向民生福利，而不是投資領域；最終，平衡地方政府的財政收入與家庭實際收入，從功能型財政過渡到民生平衡型財政。

參考文獻

[1] 樓繼偉。1993年拉開序幕的稅制和分稅制改革 [J]。財政研究，2022（2）。

[2] 威廉‧佩悌。賦稅論 [M]。馬妍，譯。北京：中國社會科學出版社，2010。

◆ 策略建議：從風險管理到財稅改革

理論思考：
重新審視貨幣與經濟模式

　　現實的經濟問題「橫看成嶺側成峰」，而經濟學學理之道，往往能給人新的啟發。理論的探索未必會驗證於現實世界，但每一小步的探索前進，都是找尋規律路上的基石。

◆ 理論思考：重新審視貨幣與經濟模式

貨幣大變局（上）

主要觀點：中國央行上繳利潤，從現實角度來看，在財政方面有助於中央對地方轉移支付，協助企業紓困、穩定就業保民生。從理論角度來看，李嘉圖（David Ricardo）認為，在某種條件下，政府用債券或者稅收募資，效果等價；而「鑄幣稅」就是從理論上理解央行制度的清晰視角。

2022年3月8日，中國人民銀行宣布向中央財政上繳超一兆人民幣的利潤——約工農中建四大行利潤總和，用於留抵退稅和增加對地方轉移支付，協助企業紓困、穩定就業保民生。

不熟悉經濟的讀者可能會感到困惑：中國人民銀行身為中國央行，不是公共機構嗎？怎麼還負責賺錢呢？還能賺這麼多？它是如何賺得鉅額利潤的？中國央行向財政部上繳一兆人民幣的利潤，是貨幣擴張還是財政擴張？另外，中國央行會不會虧損？萬一鉅虧怎麼辦？

本部分分為上下兩篇，主要以「中國央行上繳一兆利潤」為切入點，分析法定貨幣制度的歷史起源和中國央行的身分衝突及其引發的經濟後果，探索未來的貨幣制度。

01 央行使命

「央行上繳一兆利潤」直覺上會匪夷所思，但從中央銀行制度的角度來看又很正常。央行作為「銀行的銀行」，從來不以賺錢為目的，但日常的貨幣政策操作可能「被動地」產生利潤。

中國央行如何被動地賺到一兆元？央行稱，結存利潤主要來自過去幾年中國的外匯存底經營收益。其實，中國央行賺錢的方式跟商業銀行沒有區別：利差。

開啟央行的資產負債表，資產端中最大的兩部分是外匯資產和對其他存款性公司債權，央行的利潤主要來自這兩塊資產的利差。

外匯資產收入主要是央行購買的美債利息收入。簡單推算：

2020 年末中國外匯存底 3.22 兆美元，2007 年至 2016 年外匯投資平均收益率為 3.42%，近幾年隨著美債利率下降而有所降低，2020 年為 2.73%。以 2.73% 推算，近兩年的外匯投資收入約 1,700 億美元，按當前匯率折算約 1 兆元人民幣。

還有一部分收入來自商業銀行的存貸款利差。中國央行（強制）吸收商業銀行的存款，包括強制準備金和超額準備金，存款利率約 1.6%（法定存準利率 1.62%、超額準備金率僅 0.35%）；同時透過 MLF、SLF、PSL 等操作工具為商業銀

◆ 理論思考：重新審視貨幣與經濟模式

行提供貸款（再貸款、再貼現），貸款利率3%以上。貸款利率－存款利率，利差大概1.5%。

近年中國央行寬鬆擴表，貸款擴張，這筆利差收入增加。

利差收入和外匯投資收入原則上均屬被動收入。

要怎麼理解央行上繳利潤？中國央行上繳利潤給財政部，與中國鐵路、菸草等央屬企業上繳利潤沒有區別，也符合中國央行制度的國際通行規則。

利潤上繳是擴張貨幣還是擴張財政？

貨幣方面。這筆錢上繳給財政部，央行資產負債表中負債端的政府存款增加。如果政府提取使用，它會轉變為流通中的現金、商業銀行準備金。這就意味著基礎貨幣增加，雖然形式不同於降準，但作用類似，基礎貨幣增加促進了貨幣總量擴張。

財政方面。2022年兩會政府工作報告將預算赤字率安排在2.8%，比2021年的3.2%有所下降，但財政支出又多增加2兆元人民幣以上。一般公共預算支出減去收入，再扣除預算赤字安排，還存在2.3兆人民幣的缺口。

怎麼彌補？有三條途徑：調入預算穩定基金，調入地方財政結餘（2021年下半年發行的專案債券融資），合計1.3兆人民幣；另1兆人民幣來自特定國有金融機構和央屬企業專營機構上繳的利潤。2021年這項調節收入只有895億人民

幣，開始以為 2022 年要求菸草等央屬企業上繳大筆利潤，後來央行上繳 1 兆人民幣利潤的消息出來後真相大白了。2022 年穩成長依賴於財政擴張，這筆鉅款主要用於留抵退稅和增加對地方轉移支付，支持企業紓困、穩定就業保民生。

中國央行上繳利潤和央行印錢給政府（經商業銀行購買公債），二者有何區別？形式上有區別，央行上繳利潤雖然不算政府赤字，但本質上無異，均增加了財政收入、支持了財政擴張。

李嘉圖早在《政治經濟學及賦稅原理》(On the Principles of Political Economy and Taxation) 中做了解釋：在某種條件下，政府無論用債券還是稅收募資，其效果都是相同的或者等價的，原因是政府發行的債券將來也是透過稅收來償還。這就是李嘉圖等價原理。

央行賺的是誰的錢？由於央屬企業屬非競爭性企業，其賺取的利潤其實是稅收。同理，央行被動賺取並上繳的利潤，非真正利潤，而是稅收。理解央行利潤最準確的關鍵字是「鑄幣稅」。鑄幣稅英文為 seigniorage，從法語 seigneur 演變而來，有封建領主、君主控制之意。在金屬貨幣時代，君主利用皇家造幣廠的壟斷權賺取鑄幣利差——貴金屬內含值與硬幣面值之差。比如，平民拿 10 兩銀子來鑄幣，造幣廠扣下 3 兩，再用劣質金屬代之，降低了貨幣成色，賺取了差額。

《美國傳統詞典》對此做了廣義解釋：鑄幣稅即透過鑄造

◆ 理論思考：重新審視貨幣與經濟模式

硬幣所獲得的收益或利潤。換言之，央行使用鑄幣專營權賺取的利差屬於鑄幣稅。

其實，央行上繳利潤是中央銀行制度的共通做法。2020年日本央行上繳 11.6 兆日圓利潤，2021 年聯準會向聯邦財政部上繳 1,074 億美元利潤。各國央行均為貨幣專營機構，上繳利潤實為向財政部繳納鑄幣稅。

透過鑄幣稅可以清晰理解央行利潤，這個視角還可洞察中央銀行制度的「尷尬」。央行是非營利組織，負責貨幣發行與管理，目標是總體經濟穩定（低通膨、充分就業、金融安全等），卻被動地賺大錢，大疫之下還遠超國有大行利潤。這多少有點「炫富」。

中國央行能不能多賺點錢充實社會保險基金？其實，央行賺得越多，鑄幣稅越多，總體稅負越重。更何況，能或不能，均是被動的，「聽天由命」。

反過來，央行是否會虧損？虧損會損害貨幣信用嗎？會虧到破產嗎？

寬鬆週期，央行很有可能被動賺錢；緊縮週期，央行利潤下降，甚至被動虧損。2013 年聯準會副主席葉倫表示：「聯準會未來的利潤可能會下降，甚至出現虧損。」聯準會於 2016 年啟動升息，盈利明顯下降。

原因很簡單，利差縮小，利潤下降；利差為負，央行虧

損。聯準會主要收入來自在公開市場中購買公債、住房抵押債券的收益（SOMA 資產組合以長期為主），成本主要是支付給商業銀行的存款準備金（超額存款準備金以短期為主）。當貨幣緊縮時，聯邦資金利率上升，推動短期存款利率上升，長期公債利率則下降，聯準會的利差縮水。當利率倒掛（短期利率高於長期利率）時，聯準會開始虧損。

2022 年聯準會開始升息，聯準會及他國央行利潤將下降，甚至可能虧損。紐約聯邦準備銀行預測，假設聯準會 2022 年升息 1％（不考慮縮表），則 2022 年和 2023 年浮虧占 SOMA 資產比例可達 -5％、-5.4％。摩根大通分析師推測，2021 年第三季度聯準會持有的投資組合年化報酬率僅為 1.7％；如果隔夜利率升至 2.25％左右，聯準會可能出現淨虧損。如此，央行有點「尬窮」。

不以營利為目的的央行的利潤尷尬，無論是窮或富，均反映了央行的身分衝突。

02 歷史慘案

以聯準會為例，除了盈利尷尬，央行經常遭遇表達尷尬（資訊公開）。

如果說聯準會不以盈利為目的、不關注盈利和虧損，當聯準會受國會質詢時，議員會責難其管理不善：萬一虧到破

◆ 理論思考：重新審視貨幣與經濟模式

產，美元信用豈不崩潰？如果說確保聯準會不虧損、不破產，議員又會質疑：暴富也是被動，破產也是被動，拿什麼保證？如果直接說我有印鈔機我怕誰，議員定會暴跳如雷：又試圖印鈔洗劫大眾財富？於是，聯準會官員只能尷尬地說：沒有證據表明聯準會會遭遇任何可能的虧損威脅。

葛林斯潘是處理央行雙重身分衝突的語言大師。這位聯準會主席在市場打滾長達 18 年，能把「尷聊」變成讓人捉摸不透的「聯準會式言詞」（語意不明）。葛林斯潘曾說過：「如果你們認為確切地理解了我講話的意思，那麼，你們肯定是誤解了我的意思。」

其實，聯準會的尷尬──「暴富」或「虧損」、尷聊或葛林斯潘式「語意不明」，本質上是身分尷尬、法定貨幣尷尬和制度尷尬。

央行是什麼？是公共機構，是市場主體，還是私人公司？聯準會前主席馬丁（Bill Martin）曾對聯準會的角色有過非常經典的定義「在聚會漸入佳境時收走大酒杯」。

聯準會雖然是不以盈利為目的的公共機構，但又是全球市場最具權勢的市場主體、國際金融市場最重要的「操盤手」──美元為全球第一大儲備貨幣和國際結算貨幣。身為公共機構，聯準會本應做到資訊公開，被國會徹底審查，怎能暗地裡「收走大酒杯」？但作為交易對手，聯準會不能向市場透露底牌，有時還需故意放煙霧彈（預期管理）。索洛

（Robert Solow）曾把葛林斯潘喻為一隻戴著眼鏡的烏賊：在察覺到危險後，葛林斯潘就用墨汁把他的周圍弄渾濁，然後默默地離開。

2007年次級房貸危機爆發，葛林斯潘遭遇歷史性審判。大眾指責裝神弄鬼的葛林斯潘和聯準會暗藏資本陰謀和勾當，要求國會審查之。柏南奇接任主席後被要求定期出席媒體見面會與國會聽證會，柏南奇坦言對此不適應，覺得聯準會的獨立決策遭到干擾。接著，葉倫與鮑爾兩位主席加強了媒體溝通與資訊公開，甚至在一些關鍵問題（貨幣政策）上打明牌。如此，鮑爾被認為是迎合民眾的決策者，失去了獨立決策權，導致貨幣氾濫，降低了市場博弈，陷入了「聯準會計劃經濟」。

聯準會主席，是吃力不討好的角色。怎麼做都是錯，問題出在哪裡？

中央銀行和法定貨幣制度早已是全球根深蒂固的制度，極少數人對此抱有懷疑。實際上，中央銀行和法定貨幣制度誕生的時間不到兩百年，貨幣非國家化的歷史還更長。古代皇家鑄幣廠只是被動造幣的加工廠，貨幣供應由金銀銅等貴金屬產量決定，只有「官銀」與稅收應用場景是官方決定的。由於貴金屬稀缺和運輸成本高，稻米、工時等作為貨幣在民間使用更廣泛。同時，官方對民間錢莊的管理缺乏像中央銀行一樣的系統調節。

◆ 理論思考：重新審視貨幣與經濟模式

　　中央銀行和法定貨幣制度開端是英國在西元 1844 年頒布的新銀行法《銀行特許狀法令》。西元 1837 年，英國鐵路投資崩盤引發銀行擠兌危機。

　　注意，當時的銀行包括英格蘭銀行都是私人銀行，貨幣是私人銀行發行的各類金本位銀行券。危機爆發後，英格蘭銀行為保住黃金而關閉黃金兌換窗口。

　　英國民眾對英格蘭銀行的信用違約極為不滿，要求調查、廢除私人銀行。於是，議會「眾院發行銀行委員會」啟動了一次聽證會。會上，皮爾（Robert Peel）代表的通貨學派認為，銀行可以發行銀行券，但是必須有足額的黃金儲備，過度發行會誘發金融危機；圖克（Thomas Tooke）代表的銀行學派則反對全額黃金準備制度，認為銀行會根據市場的需求供應信貸，不可能隨意擴張銀行券。

　　最後，通貨學派獲勝。1844 年皮爾擔任首相後簽署了《銀行特許狀法令》。這一條例改變了貨幣史：

　　第一，集中並最終壟斷了貨幣發行權。該條例廢止了多數私人銀行的銀行券發行權。當時英國有 279 家私人銀行擁有發幣權，若銀行倒閉則發行額度自然失效，其額度轉移到英格蘭銀行。最終，英格蘭銀行集中並壟斷了鑄幣權。

　　第二，採用全額準備金發行貨幣。

　　第三，中央銀行與商業銀行分離。該條例將英格蘭銀行

改組，分設發行部和銀行部。發行部履行中央銀行職能，負責發幣、管理公債、保管黃金外匯等；銀行部相當於商業銀行，沒有貨幣發行權，負責發放信貸。

《銀行特許狀法令》相當於確認了英格蘭銀行的央行地位以及英格蘭銀行券的法償貨幣地位——首家央行、首個法定貨幣誕生。「二戰」後，工黨政府將英格蘭銀行收歸國有，使其徹底地變為中央的銀行。英格蘭銀行央行地位得到確認後，各國紛紛效仿其建立中央銀行和法定貨幣制度，形成了現代銀行體系。

《銀行特許狀法令》（主要是第一點和第三點）催生了中央集權式的統制貨幣、內部衝突的中央銀行和跛腳的商業銀行。可以說，當今世界發生的金融危機（債務、通膨與資產泡沫）均可追溯到《銀行特許狀法令》上。

當時的經濟學家為什麼會發現這個問題？

哈奇森（Francis Hutcheson）、斯密與休謨提出了蘇格蘭自由主義，此時正值維多利亞時代，曼徹斯特自由主義盛行，但是英國經濟學家為何不反對壟斷性的貨幣制度？

自斯密、小穆勒以來，經濟學家信奉貨幣中性理論，錯誤地認為貨幣沒有價值、可有可無，屬於外生變數；何種貨幣制度安排，對經濟成長並無影響。這叫貨幣外生性。所以，《銀行特許狀法令》製造了貨幣壟斷制度，只有私人銀行

◆ 理論思考：重新審視貨幣與經濟模式

反對，極少經濟學家提出異議。據筆者所知，還是哲學家史賓賽（Herbert Spencer）提出了質疑：「既然我們信賴雜貨店老闆賣給我們的茶葉的分量，我們也相信麵包店主賣給我們的麵包的分量，那我們也可以信賴希頓父子公司（Heaton and Sons）或伯明翰的其他企業也會根據其風險、利潤來供應我們沙弗林與先令（貨幣）。」

顯然，史賓賽沒受到貨幣中性理論的困擾，提出了自由主義式質疑。後來，英國經濟學頂級大師傑文斯（William Stanley Jevons）竟以「劣幣驅逐良幣」反駁之：「沒有任何東西比貨幣更不適宜於交給企業進行競爭的了。」傑文斯怎會不知「劣幣驅逐良幣」因壟斷強制而生？

總之，經濟危機催生民眾搭貨幣便車之動機，通貨學派政治鬥爭獲勝，經濟學貨幣理論又存缺陷，中央銀行和法定貨幣制度無可阻擋地誕生，這一歷史事件造成了不可挽回的歷史後果。

03 身分衝突

很多人誤以為將中央銀行和商業銀行分離是現代銀行體系的偉大創舉。豈不知，《銀行特許狀法令》分裂了原本簡單完整的市場主體（擁有鑄幣權的私人銀行），導致中央銀行身分衝突、商業銀行殘缺跛腳（下篇分析）。

接下來以聯準會為例具體剖析身分衝突。與英格蘭銀行（央行）類似，聯準會也誕生於一場金融危機，即 1907 年金融恐慌。

次年，國家貨幣委員會成立，委員會主席奧爾德里奇（Nelson Aldrich）提出設立中央銀行的「奧爾德里奇計畫」，但未獲國會通過。

這時，一位來自歐洲的銀行家沃伯格（Paul Warburg）挽救了該計畫。沃伯格是最早把歐洲中央銀行制度介紹到美國金融圈的人，他按照英格蘭銀行的設計架構修改了「奧爾德里奇計畫」，被譽為聯準會的總設計師。接著，參議員格拉斯在沃伯格的基礎上提出了《聯邦儲備法案》。1913 年底，威爾遜總統（Woodrow Wilson）簽署該法案，聯準會誕生。

後來，聯準會經多次改革，形成了今天覆雜的聯邦儲備體系：

第一，聯邦儲備委員會是決策機構，負責貨幣政策和金融監管政策的制定；屬公共機構，7 名理事均由美國總統任命、國會批准。

第二，12 家聯邦儲備銀行是私人銀行，是聯準會真正的銀行，負責貨幣政策和金融監管政策的具體執行。

第三，聯邦公開市場委員會也是決策機構、公共機構，其 12 票表決權由公權力與私權力共同組成，其中 7 名理事組

理論思考:重新審視貨幣與經濟模式

成的公權力占多數票,剩下 5 票來自五個儲備行長,紐約聯邦準備銀行行長是永久不變席位,另外 4 票由儲備行長輪值產生。

第四,外圍還包括大概 3,000 家會員銀行,是美國私人銀行。

這 3,000 家會員銀行是 12 家聯邦儲備銀行的實際出資人,是這個體系的真實股東,是聯準會鉅額存款儲備金的來源。

聯邦儲備體系是一個典型的美國政治分權與制衡機構,被認為是天才般的設計(值得肯定)。但是,聯準會自誕生之日起就遭到無數質疑:「華爾街操控的銀行」、「聯邦政府的印鈔機」等。

為什麼?

不論聯準會如何分權與制衡,它終歸是一個央行——壟斷貨幣的權力組織,無法擺脫內部二元身分衝突。《銀行特許狀法令》犯下致命錯誤,它把身分搞得極為複雜:中央銀行變成了「四不像」,左邊是不以營利為目的的公共機構,與政府關係密切;右邊是與市場交易的市場組織,與商業銀行命運相連。

從人公共事務管理權、表決權、貨幣政策目標和利潤歸屬上來看,聯準會是公共機構,當維護大眾利益。從出資人和準備金來源來看,聯準會又是私人機構,當追求個人利潤。聯準會試圖以體系分權來制衡利益、化解衝突,但又把

二元身分的矛盾複雜化。

先看央行的公共屬性。央行作為公共機構，廣義上屬於「政府的銀行」，公共目標與政府目標高度一致，如此政府掌控央行具有某種合法性。當年威爾遜簽署《聯邦儲備法案》的條件之一是 7 名理事中必須包括財政部長和貨幣監理局局長。雖然《聯邦儲備法案》也限制總統干政，比如一任總統最多任命兩名理事，總統對理事、主席無罷免權，但早期的聯準會決策被聯邦政府控制，利率政策必須由財政部審批。不僅是聯準會，各國早期的央行基本是政府的銀行。

後來，埃克爾斯 (Marriner S. Eccles) 成立聯邦公開市場委員會，馬丁擺脫了聯邦財政部的審批權，沃克獨立決策成功對抗通膨，這三位主席極大地促進了聯準會的獨立和威望。至此，聯準會從政府的銀行變成「經濟學家的銀行」。這正是凱因斯的設想。

但是，央行的公共屬性決定了其與政府「命運與共」。聯準會與聯邦政府之間的關係：二者目標極為類似，皆以充分就業、通膨率為目標，皆有金融監管、經營國庫之責，只是手段不同；二者手段相互依存，聯邦政府財政擴張依賴於聯準會的貨幣擴張，聯準會的貨幣擴張依賴於聯邦政府的債務擴張，只是信用來源不同；二者信用如硬幣的「一體兩面」，即「國庫通銀庫，銀庫又通錢庫」，美元以美債為信用基礎，美元又是美債的信用基礎之一（如今聯邦政府靠美元擴張維

◆ 理論思考：重新審視貨幣與經濟模式

繫龐大債務)。

如此，聯準會是一家與聯邦政府藕斷絲連又命運與共的公共機構。

再看央行的市場屬性。央行是貨幣市場的唯一供應方，是重要的市場主體。按市場原則，出資人是央行的股東，決定其性質。若出資人是中央政府，那麼央行就是壟斷性的央屬企業。若出資人是私人銀行，那麼央行就是私人銀行，如12家聯儲銀行。

最開始，美國所有全國性銀行都必須繳納一筆存款準備金入會。紐約五大會員銀行購買了紐約聯邦準備銀行40%的股權，紐約聯邦準備銀行成為最大出資方。陰謀論者認為這是華爾街大佬操控聯準會的鐵證。1987年以後，州立銀行也必須在聯儲銀行存一筆準備金入會。作為一家私人機構，聯準會以盈利為目的，出資人理應向其索取利潤。

但是，《聯邦儲備法案》將聯準會定義為公共機構，剝奪了出資人在委員會的人公共事務管理權和聯儲銀行的收益權。最初「奧爾德里奇計畫」為何被否定？原因是該計畫將聯準會定義為一家私人銀行。同時，奧爾德里奇身分敏感，為共和黨人，又與老摩根是親家關係。

《聯邦儲備法案》又以總統權力制衡私人銀行權力，比如總部設在華盛頓而不是紐約，總統掌握理事任命權。問題來了，私人銀行為何要加入無利可圖的聯準會？原因是我們

下篇要講到的最後貸款人原則,即危急時刻聯準會有義務為「跛腳」的商業銀行進行保底。

如此,聯準會又是一家與私人銀行藕斷絲連又命運與共的市場組織。當然,比私人控制的央行要好。

聯準會是美國政治菁英的偉大發明,同時也是央行二元身分衝突的放大鏡。這種身分扭曲可以概括為以下幾點:

(一)身分目標背離

央行身為不以營利為目的的公共機構,在寬鬆時期被動創造鉅額利潤,在緊縮時期又可能被動虧損。但是,身為一家壟斷鑄幣權的專營機構,央行被動創造的鉅額利潤並非真正的利潤,而是向納稅人抽取的稅收;被動造成的虧損以及鑄幣費用均由納稅人承擔。

央行作為貨幣供應的市場主體,理應以追求利潤為目標,同時承擔市場風險。但是,作為壟斷鑄幣權的唯一供應主體,央行(不論央屬企業還是私人銀行)主動謀求利潤相當於在市場中收割壟斷租金(鑄幣稅)。

(二)貨幣政策衝突

央行身為公共機構,理應維護公共利益,利用有限的公共信用救民於水火,在貨幣政策操作上「逆風而行」,就像逆流而上的消防員。這是凱因斯主義思想。但是,作為一個市場主體,央行必須遵循市場規律,避免價格懲罰,在貨幣政

◆ 理論思考：重新審視貨幣與經濟模式

策操作上「順勢而為」，就如緊急避險的私人企業。這是市場淘汰主義。

大蕭條時期，這兩種貨幣政策思想在聯準會內部激烈衝突。之前，紐約聯邦準備銀行行長、銀行家斯特朗掌控聯準會，按照私人銀行的意志，採取市場淘汰主義。接著，斯特朗駕鶴西歸，聯準會陷入權力真空，聯儲理事與私人銀行勢力相互爭鬥。危機爆發時，聯準會如私人銀行般避之不及，大規模緊縮貨幣，流動性立即枯竭。傅利曼在《美國貨幣史》(*A Monetary History of the United States*)中指出，這是危機演變為大蕭條的重要原因。

然後，小羅斯福入主白宮，埃克爾斯擔任首任聯準會主席，奪取了掌控權，實行凱因斯干預主義，大幅度降低利率、大規模救市。但是，羅斯巴德（Murray Rothbard）在《美國大蕭條》(*America's Great Depression*)中指出，聯準會救市阻止市場出清才是大蕭條產生的原因。

何解？二元身分衝突導致目標衝突，進而導致貨幣政策衝突。

所謂名不正言不順，在具體貨幣政策的溝通上，被公共機構與市場主體衝突困擾的「官員們」被逼成了語言藝術大師，從開誠布公開始，以模稜兩可結束。

(三)利益盤根錯節

央行二元身分決定了它與政府、商業銀行的複雜關係。央行為商業銀行提供保證，商業銀行為政府融資，政府為央行提供信用保障。聯準會的天才設計機制何等精妙，同樣受制於中央銀行制度的身分衝突，以至於全球不可避免地形成貨幣──債券──信貸的巨大租金體系。長久以來，說中央銀行制度化解了金融風險，挽救了政府財政、商業銀行與總體經濟，其實無非是透過製造通膨（債務）、收取鑄幣稅的方式將危機轉嫁給社會個體。

這就是中央銀行和法定貨幣制度的難題。一詞以蔽之：彆扭。

自《銀行特許狀法令》製造「歷史慘案」後，現代銀行體系內部不可調和的身分衝突，為全球經濟帶來巨大的危機。鑄幣權為何淪為人人角逐的公地，產生公地悲劇？強勢的央行和跛腳的商業銀行如何引發債務危機和泡沫危機？在全球化時代，法定貨幣制度為何引發米德衝突和特里芬困境？是否導致國家衝突和國際秩序崩潰（金德伯格陷阱）？美元是否收割全世界？如何解決？

下篇「貨幣大變局（下）」將回歸到更為精彩又嚴峻的現實經濟問題，探索未來貨幣變革之路徑。

◆ 理論思考：重新審視貨幣與經濟模式

參考文獻

[1] 威廉・格雷德。聯準會 [M]。耿丹，譯。北京：中國友誼出版社，2013。

[2] 穆雷・N. 羅斯巴德。美國大蕭條 [M]。謝華育，譯。海口：海南出版社，2017。

貨幣大變局（下）

主要觀點：《銀行特許狀法令》開啟了西方現代銀行制度，但也衍生出了歷史難題：聯準會的道德風險和公地悲劇，對外美元則陷入特里芬困境和金德伯格陷阱。全球化時代，中央銀行與法定貨幣制度之間的兩難需要一個更科學、平衡的治理思路。

上篇我們發現，英國 1844 年的《銀行特許狀法令》製造了「歷史慘案」，開啟了現代銀行制度——一個法償性質的統制貨幣、一個身分衝突的中央銀行、一群跛腳的商業銀行以及一張利益盤根錯節的大型租金網路。

今天我們所遭遇的一切經濟結果幾乎都可追溯到這一糟糕的條例上。本部分接著分析中央銀行和法定貨幣制度所引發的經濟災難和內外衝突，探索貨幣制度的演進方向。

01 跛腳銀行

《銀行特許狀法令》將發行部和銀行部分離製造了災難性的歷史後果：

央行成為了「公共機構」，商業銀行變成了「跛腳銀行」，內部出現道德風險和公地悲劇，外部陷入特里芬困境和金德伯格陷阱，觸發了國家資產負債表危機。

理論思考：重新審視貨幣與經濟模式

作為公共機構，央行需要明確公共目標。1970、1980年代，國際上開始流行目標單一制，傅利曼主張以貨幣數量為單一目標，孟岱爾主張以價格（通膨率）為單一目標。1990年紐西蘭開啟通膨單一目標先河，加拿大、澳洲、歐洲等央行紛紛跟進。不過，聯準會的目標改革滯後。1977年《聯邦儲備法案》提出了雙重目標（物價穩定和充分就業），但沒有明確目標值，葛林斯潘不希望個人裁量權被約束。直到2007年次貸危機爆發，聯準會才提出更加明確的政策目標。

目標考核對鑄幣權有良好的約束效果，似乎只要把通膨率控制在2%以內的行長就是合格的行長。但是，這種「小技巧」被大的中央制度所淹沒。只要理解需求理論和價格理論，我們就可以推斷，強如葛林斯潘般睿智的經濟學家也無法擺脫統制貨幣的悲劇：

一是中央銀行貨幣壟斷的計畫核算，因缺乏自由價格而無法確定貨幣數量。

葛林斯潘是資料分析專家，他在聯準會招募了一群分析師，建立了複雜的數學模型。孟岱爾的通膨率單一目標，意味著將國民物價指數置於央行的貨幣政策控制之下。

海耶克認為，資訊是分散的，無人可獲得絕對完整的資訊進行經濟核算。米塞斯批評朗格（Oskar Lange）的理論缺乏真實市場價格，無法進行經濟核算。聯邦資金利率並非真實的市場價格，此價格無法真實反映供需資訊與風險資訊，貨

幣供給決策無從下手。2001年之後,葛林斯潘「失算」了,他將市場利率壓到自然利率之下,貨幣失控釀成次貸危機。

二是法定貨幣鑄幣權作為一種公共政策,因缺乏自由價格,而導致分配效率損失。

在現行的國家制度中,稅收價格機制失靈,公共政策的強制性和不可分割性導致一些人獲益、一些人受損。由於聯準會主席擁有未經選舉的公權力,人人試圖影響總統大選、國會聽證會和媒體來角逐鑄幣權以獲取最大利益。會鬧的孩子有糖吃,沒錢找央行印,搭便車動機引發法定貨幣鑄幣權公地悲劇。金融危機後,民粹主義崛起,聯準會過度迎合民意,甚至在疫情期間修改貨幣政策目標,為政府融資發紅包給民眾。

商業銀行變成了「跛腳銀行」同樣引發內部的道德風險。發行部和銀行部的分離導致商業銀行失去了鑄幣權,只保留了存貸業務。很多人誤認為,央行與商業銀行分離是制度創新。其實,這導致了銀行體系畸形,中央銀行像「媽媽」,商業銀行像「嬰兒」。中央銀行與商業銀行的關係很奇怪。中央銀行是商業銀行上游的貨幣供應商(市場合作關係),又是商業銀行的監管機構(上下級關係)。中央銀行既是運動員又是裁判,對跛腳銀行一方面施加各種監管和干預,另一方面用父愛主義給予「最後貸款人」保護。

接下來從技術層面來解釋跛腳銀行。在商業銀行的資

◆ 理論思考：重新審視貨幣與經濟模式

產負債表中，表面上負債（存款）等同於資產（貸款），但存款和貸款的流動性完全不對等。商業銀行可以自由擴張資產（賣貸款），但無法自由擴張負債。商業銀行的鑄幣權被剝奪，無法透過鑄幣來融資，只能向央行申請貸款，或者在市場上吸收存款。央行是唯一的基礎貨幣供應方，決定了基礎利率和貼現利率，商業銀行無法自由地獲取貸款，難以透過基礎利率來辨識風險，還受各種政策的限制。

「毛線」的說法生動地反映了商業銀行的跛腳現象。聯準會提高聯邦資金利率，直接推升隔夜拆借利率，商業銀行因融資成本上升而減少貸款。緊縮過程像拉毛線，硬拖著「負債腿」。聯準會降低聯邦資金利率，商業銀行未必會因融資成本下降而同比例增加貸款。

寬鬆過程像推毛線，軟推「資產腿」。如此，成本不由自主，風險如何自控？這也說明：強制製造破壞，但創造無法被強制。

假如央行不增加基礎貨幣投放和再貸款規模，商業銀行只能從市場吸收存款，但存款越擴張，貨幣乘數越大，擠兌風險就越大。

央行又會出手干預商業銀行擴張，同時施加監管，比如提高資本適足率。

為什麼會有最後貸款人原則？

《銀行特許狀法令》剝奪了私人銀行的鑄幣權，為了平衡利益，英國政府對私人銀行許諾，若私人銀行遭遇擠兌危機，英格蘭銀行就會為它們提供緊急貸款。《銀行特許狀法令》的支持者、英國經濟學家巴治荷（Walter Bagehot）在《倫巴底街》（*Lombard Street*）中將這一許諾概括為「最後貸款人」原則。《聯邦儲備法案》特意寫入了最後貸款人原則。美國3,000家銀行成為成員銀行，也是看重這一保護條款。實際上，英格蘭銀行（央行）和聯準會均誕生於金融危機，都有尋求政治壟斷力量保護的動機。

聯準會前主席柏南奇反覆強調自己是援引該法案的最後貸款人原則對金融企業施救的。

但是，不論如何解釋，最後貸款人原則實際上誘發了巨大的道德風險。央行給予商業銀行父愛般的兜底，弱化了其風控能力和利率硬性約束，助長了其擴張的野心。巴治荷指出，最後貸款人原則適用於經營穩健的企業，同時應收取懲罰性利息。這是無法操作的。經營穩健的企業遭遇危機可能性小，但若遭遇危機企業還如何承擔高利息？有人指出，最後貸款人的目標是整個經濟體系，而不是救助某個特定的金融機構。但是，危急時刻，救助大機構是首選目標。這又回到「大到不能倒」上。有人提出適當放棄大廠可破解「大到不能倒」，像當年拒絕施救巴林銀行、雷曼兄弟。但新的道德風險湧現：看誰先死。只要首個大廠倒下，其他大廠就獲救了。

◆ 理論思考：重新審視貨幣與經濟模式

事實上，雷曼破產引發金融海嘯，聯準會立即下水救場。

今天商業銀行的種種危機均源自這種原本畸形外帶五花大綁和父愛主義的制度。但這還沒結束。聯準會拯救大廠引發了社會不滿，進而導致最後貸款人原則擴大化引發更大的道德風險。民眾紛紛要求聯準會拯救家庭金融資產和提振就業，要求聯邦政府提高個人社會福利。民眾將私人鑄幣權讓渡給了聯準會，試圖搭公共便車，所以聯準會的最後貸款人原則適用於每個人而非成員銀行。經多輪救市後，聯準會從最後貸款人變成了「最後的買家」。

如此，鑄幣權推動政府、央行、商業銀行與福利主義相互融合，在內部製造了一個巨大的低效的「基本盤」——法定貨幣、信貸、債券、福利相互關聯的「公地悲劇」。

02 內外衝突

在全球化時代，中央銀行與法定貨幣制度容易引發內外失衡，無法擺脫特里芬困境和金德伯格陷阱。

國家制度的壟斷性與經濟全球化（自由化）是一組不可調和的矛盾。主權貨幣制度與國際自由市場衝突不斷，最典型事件是布列敦森林體系崩潰。

布列敦森林體系是「二戰」後建立的以金本位和固定匯率為核心的國際金融體系。該體系暗含不可調和的國家資產負

債表危機,於 1971 年遭遇國際市場衝擊而崩潰。

法定貨幣制度製造了一個以國家為主體的央行資產負債表。在這個國家大帳簿中,負債端是法定貨幣,資產端是出口賺取的外匯。特里芬(Robert Triffin)教授很早就指出其中存在一組矛盾:一個國家不可能同時出口貨幣和商品,必須二選一。在央行資產負債表中,貨幣出口多、商品出口少,相當於負債端擴張、資產端萎縮,兩端失衡觸及閾值即崩潰。這就是「特里芬困境」。

1960 年代開始,美國大規模出口美元、進口商品,貿易赤字加劇,加上越戰擴大了政府赤字,美國從淨債權國變成了淨債務國,最終擊潰了美元信用。法定貨幣是國家發行的通用債券,是一國之負債,若法定貨幣發行過多,無足夠資產來兌付,則爆發債務危機。

布列敦森林體系崩潰後,信用本位替代了金本位,自由匯率替代了固定匯率,特里芬困境是否消失?

並沒有。只要中央銀行和法定貨幣制度存在,央行資產負債表內部便不可調和。1970 年代後,美國繼續出口美元,經常專案嚴重失衡,千禧年之前美國大逆差、日德大順差,之後美國繼續大逆差、中國大順差。

現在的聯準會資產負債表,債務端還是美元,資產端換成了公債,前者屬通用債券,後者屬非通用標準債券,那

◆ 理論思考：重新審視貨幣與經濟模式

資產是什麼？資產端的公債，實際是聯邦財政收入（稅收為主）。國家財政實力如何，內看財政赤字率，外看貿易赤字率。最近 20 年美國長期雙赤字，為什麼？由於特里芬困境的存在，美國大量出口美元，很少出口商品，引發鉅額貿易赤字。金融危機後，聯準會放水給聯邦政府融資，這導致聯準會資產負債表更加失衡，負債端大規模膨脹，資產端靠稅收支撐的真實公債比重下降，靠美元過度發行融資的虛擬公債增加。這也是「特里芬困境」。

貿易順差國的資產負債表也失衡。在央行資產負債表中，資產端最大的是外匯（美元和美債），負債端是法定貨幣。貿易順差越大，外匯越多，資產端擴張，負債端也跟著擴張，本幣發行增加。

這是一種被動法定貨幣機制，即外匯占款，會形成真正的輸入性通膨。

有人敏銳地指出，央行資產負債表未失衡，法定貨幣是基於可靠的資產美元來發行的。問題是，美元輸入越多，美國那邊的聯準會資產負債表越失衡、美元越貶值，這邊的中央銀行資產負債表也自然失衡。當年德法日賺得美元越多越發慌，戴高樂（Charles de Gaulle）趕緊拋售美元，派軍艦把黃金從紐約聯邦準備銀行地庫裡拉回來。

近年，中國為避免被動印鈔，降低了外匯資產比重。那麼每年鉅額的外匯輸入去哪裡了？滯留在商業銀行。如今，

商業銀行換匯累計的外匯存款已破 1 兆美元,這筆外匯鉅款的貸款利率偏低,9% 被外匯準備金鎖定,商業銀行負債因此增加。怎麼辦?商業銀行用票據抵押向央行申請人民幣貸款。所以,央行的外匯資產比重下降,對商業銀行債權增加,而對商業銀行債權增加也是擴張貨幣。

中央銀行和法定貨幣制度創造了一個個暗含特里芬困境的國家大帳冊。美元是第一大國際結算貨幣,聯準會資產負債表中的特里芬困境更突出;美元還是第一大儲備貨幣,若美元崩潰,很多國家的央行資產負債表也會跟著出問題。

在全球化時代,中央銀行和法定貨幣制度還製造了一個外部難題,即金德伯格陷阱。

金德伯格陷阱是美國經濟史學家金德伯格(Charlie Kindleberger)在《1929～1939年:世界經濟蕭條》一書中提出來的。他從國際秩序的獨特視角解釋大蕭條。金德伯格認為,大蕭條起源於美國在「一戰」後取代英國成為全球經濟的領導者,卻沒能承擔起全球公共財的責任。

英國在政治上依然是全球領導者,但在經濟上已力不從心,這導致世界墮入大蕭條與「二戰」。在新舊經濟大國交替之際,老大心有餘而力不足、老二力有餘而心不足,導致國際秩序的「公共費用」無人承擔,從而使世界陷入領導力空缺、危機四伏的險境。這就是金德伯格陷阱。

「一戰」後英法主導的混亂的國際匯率和「二戰」後布列

◆ 理論思考：重新審視貨幣與經濟模式

敦森林體系的解體，都印證了金德伯格陷阱的存在。在布列敦森林體系時期，美國的任務是負責維持美元與黃金的固定比價，這就要求美國必須儲備大量的黃金——國際貨幣體系的公共費用。由於特里芬困境的存在，隨著美元貶值加劇，法國等用美元兌付大量黃金。

1971年美元搖搖欲墜，美國不願繼續支付公共費用，宣布關閉黃金兌換窗口。

布列敦森林體系解體後，金本位被信用本位替代，是否還存在公共費用？

信用貨幣並非「一紙鈔票」，而是一種奢侈的公共財，這種公共財的信用需要大量的公共費用支撐。狹義上，美元以公債為基礎，公債以稅收為基礎。廣義上，美元的信用建立在美國強大的科技、金融及軍事力量之上，而這些力量的維持需要大量的公共稅收。可見，美元的信用由美國全體納稅人支撐。

在自由貨幣時代，私人銀行按照市場原則為國際貿易提供貨幣——黃金或金本位銀行券，不存在公共費用難題。但國家目前還是公共組織，法定貨幣的發行是一項公權力，為國際市場提供交易貨幣相當於承擔著全球貿易的公共費用。可見，法定貨幣制度製造了國際貨幣市場的金德伯格陷阱。

美元作為美國的法定貨幣，也是「世界貨幣」；聯準會是

美國的央行,也是「世界的央行」。其中的問題是:誰該為美元體系支付費用?

敏銳的人很快就發現一個問題:美元不是收割全世界嗎?成為「世界貨幣」是求之不得的事,怎麼會吃虧呢?

這是一個重要問題。就美國整體來說,美國向世界輸出美元是大賺的;但就個體來說,大賺的是商業銀行,美國本土納稅人承擔了美元鑄幣費用(鑄幣準備金)。問題出在哪裡?

問題就在《銀行特許狀法令》將發行部和銀行部分離。原本二者合一,銀行部透過利差賺取利潤,補貼發行部的貨幣費用。二者分離的後果是,商業銀行透過批發貨幣賺取利潤,那麼鑄幣費用誰來承擔?

當然是央行,實則全體納稅人。有人指出,央行購買公債、為商業銀行貸款不是可以賺錢嗎?但是,央行說自己不是營利機構,不以賺錢為目的,它還可能虧損。假如聯準會不賺錢,鑄幣費用由納稅人承擔;假如聯準會虧損,虧損也由納稅人承擔。

有人說這不對,聯準會印美元,所有美國人都是受益者,他們只要啟動印鈔機就可以買我們的商品。這是一個容易產生誤解的問題。

假如聯準會沒有過度發行貨幣,美國人的受益情況是不

◆ 理論思考：重新審視貨幣與經濟模式

均衡的：商業銀行從聯準會批發美元向全球放貸，鑄幣費用由全體納稅人承擔，所以商業銀行屬於最大的受益者；跨國公司拿美元在全球投資和避稅，屬於次級的受益者；普通納稅人承擔鑄幣費用、未享受信貸利潤，不能算是受益者。

假如聯準會過度發行貨幣，向全球收取鑄幣稅，那麼美國人短期普遍是受益者，受益次序依然是商業銀行、跨國公司和普通納稅人；但是，長期普遍是受害者。

短期來說，美國納稅人不願意獨自承擔鑄幣費用，更願意聯準會過度發行貨幣，賺取更多鑄幣稅。央行寬鬆容易賺錢，緊縮可能虧錢，盈利增加央行寬鬆的動力，而虧損可能為央行帶來緊縮壓力。

這就是聯準會潛在的寬鬆動力。

金融危機後，美國民粹派質疑聯準會使用納稅人的錢拯救金融機構。聯準會主席柏南奇拿出一個資料──聯準會賺取了近 1,000 億美元來回擊他們。這說明三點：一是聯準會賺錢可降低壓力；二是柏南奇誤導了大眾，聯準會賺取的並非利潤，而是鑄幣稅；三是大眾樂於支持聯準會向全球收取鑄幣稅。

近幾年，聯準會大放水，大肆購買公債和對外貸款，利潤節節攀升，2019 年為 555 億美元，2020 年為 888 億美元，2021 年為 1,078 億美元。疫情之下，經濟低迷，各國央行被

動地大賺特賺。這不得不讓人懷疑,「不以賺錢為目的」已是國王的新衣。

有人指出,商業銀行其實早已支付了鑄幣費用,它們是聯準會的出資人,繳納了大筆費用。同時,它們雖然獨享了信貸利潤,但放棄了聯準會的利潤。反過來說,納稅人雖然支付了鑄幣費用,但也享受了聯準會的利潤。這相當於是利益置換。

這確實是央行身分衝突下的一種利益交換,但卻因此助長貨幣失控。如果這種交換是合理的,那麼納稅人就有權要求聯準會最大限度地賺錢,即透過貨幣過度發行向全球收取鑄幣稅。

布列敦森林體系崩潰後,美國財長小約翰·康納利(John Connally)在當年的 G10 會議上對各國財長說:「美元是我們的貨幣,但卻是你們的麻煩。」這句源自溫特勞布教授的話隨後傳遍了世界,也具體地表達了金德伯格陷阱。聯準會受制於納稅人壓力下的過度發行貨幣,其內涵是:美國納稅人不想獨自承擔美元鑄幣費用,向全球收取鑄幣稅,讓全球共同承擔。

這是聯準會和美元的難題,更是中央銀行和法定貨幣制度的難題。

◆ 理論思考：重新審視貨幣與經濟模式

03 貨幣變革

怎麼辦？

上篇我們分析了聯準會制度。美國政治菁英設計了一套分權制衡的精妙機制，經濟學家還提供了單一目標制，試圖促進聯準會官員獨立決策。然而，任何人為建構的制度再完美也不過是軟性約束、低效率的，唯有自由價格約束是硬性約束，唯有自發秩序是高效率的。

1970 年代崛起的傅利曼的貨幣主義和 80 年代崛起的沃克主義分別在理論上、實踐上做了同一件事，那就是讓貨幣恢復價格自由。傅利曼主張利率自由化、匯率自由化、資本在全球自由流通，用其價格理論一言蔽之：最大限度地自由化；沃克對抗通膨的成功經驗是唯有價格平復，市場才能重啟。下面我們重點關注利率自由化和匯率自由化。

聯準會成立後長期以控制美債收益率曲線為目標，實際上利用鑄幣權間接控制市場利率。「二戰」時期，聯準會的主要任務就是壓低利率，幫助美國政府獲取低成本的戰爭融資。1977 年《聯邦儲備系統改革法》賦予聯準會「雙重使命」，即充分就業和價格穩定，利率自由化才逐漸釋放。1982 年沃克成功對抗通膨後，利率市場一日千里，促進了美國金融市場繁榮。有人認為，美國信貸失控釀成了次貸危機。實際上，次貸危機的始作俑者是聯準會。相反，利率市場一定程度上緩解了聯準會大放水的危害。

看具體的數字。從 2009 年 12 月到 2021 年 12 月，美國的 M1（狹義貨幣）翻了 11 倍，但 M2（廣義貨幣）只翻了 2.5 倍，而一個國家的貨幣總量主要看廣義貨幣。利率市場的價格調節和商業銀行的謹慎，抑制著美國貨幣總量的膨脹。相反，利率自由化程度越低的國家，貨幣總量越容易失控、商業銀行的風控越脆弱。在最近的兩輪寬鬆浪潮中，新興國家的信貸普遍失控，貨幣總量成長速度和規模均高於美國。在接下來的緊縮週期中，信貸失控的國家可能面臨貨幣（債務）危機。

再看匯率自由化。布列敦森林體系是固定匯率，各國法定貨幣缺乏自由競爭，匯率價格人為失靈，全球貨幣配置低效。1971 年布列敦森林體系崩潰後，全球自由匯率市場開始形成。最初，雖然歐美國家的財長和行長也試圖干預匯率，比如被人津津樂道的「廣場協議」和不著名的「羅浮宮協議」。但是干預的間接後果是兩次金融危機：1987 年「黑色星期一」和 1990 年日本泡沫危機。經此兩役後，歐美和日本均想通了，在 90 年代徹底實現了匯率自由化（含利率自由化）。

1988 年，亞洲一些國家通膨高漲，傅利曼訪問亞洲時建議政府開放匯率，透過自由匯率來抑制通膨。他認為，在匯率自由化和資本國際自由流通的環境下，如果國內過度發行貨幣，貨幣會貶值，匯率會下跌，大量資本會轉移到國外，這樣就可以抑制貨幣過度發行。這就是匯率自由化的競爭邏輯。

◆ 理論思考：重新審視貨幣與經濟模式

一切能夠自由化的均自由化，讓市場配置貨幣總比聯準會官員強，但是傅利曼面臨一個終極難題，那就是央行依然壟斷著鑄幣權。該怎麼處理鑄幣權？

傅利曼提出單一目標制，即央行官員以貨幣數量為目標進行決策，孟岱爾主張以通膨率為單一目標，二人當年在芝加哥大學時為此唇槍舌戰。傅利曼認為通膨率目標相當於控制了市場價格，違背了價格自由原則。孟岱爾反駁，投資銀行時代的貨幣數量很難確定。傅利曼想了一個辦法，讓貨幣數量成長速度與經濟成長速度相適應。在沃克時代，傅利曼還夥同葛林斯潘、舒茲上書雷根總統：「撤掉聯準會（理事會），然後用一臺電腦替代。」（玩笑又甚於玩笑）

其實，沒有哪個人知道市場每時每刻需要多少貨幣、以什麼價格成交、中性利率是多少和貨幣偏好怎麼樣。現代銀行制度將鑄幣權交給央行官員專營製造了一個無解之題。法律制度約束是軟性約束，自由價格約束是硬性約束，若無法用自由價格約束鑄幣權，只能用最機械的辦法將其鎖定。顯然，傅利曼對機器的信任甚於人。

傅利曼的貨幣理論是最自由的法定貨幣理論：機械鑄幣權＋自由利率＋自由匯率。自由利率相當於跛腳商業銀行在利率市場中相互競爭，自由匯率相當於各國法定貨幣在國際貨幣市場上相互競爭。

但是，傅利曼的貨幣數量單一目標制因為無法解決貨幣

內生性問題而陷入矛盾:

貨幣成長與經濟成長相適應,而貨幣本身是經濟的一部分,其供應多寡、利率高低作用於經濟成長。

其實,央行終歸還是身分衝突的央行,商業銀行還是那個跛腳的銀行,法定貨幣始終還是統制貨幣。更糟心的是,只要一場危機,央行便攜凱因斯主義重回權力中心,進而製造災難。

1990年代,有人問傅利曼:凱因斯主義消失了嗎?他回答,過去幾十年,加爾布雷斯(John Galbraith)肯定比他過得好。傅利曼批評,老布希總統背棄雷根自由主義,葛林斯潘無法抑制其控制經濟的欲望。「九一一事件」過後,傅利曼對小布希及葛林斯潘的行動強烈不滿:「世界經濟狀況在2001年9月11日後徹底改變了。」有時候在想,如果讓傅利曼擔任聯準會主席,又正好碰到了2008年金融危機,他會怎麼做?

對於現代銀行制度,美國政治菁英將其分權化、複雜化,傅利曼將其簡單化、自由化。2008年金融危機後,柏南奇、葉倫、鮑爾三位聯儲主席將現代銀行體系做成了「半生不熟」。

傅利曼的利率自由化和匯率自由化將央行置於國際市場競爭之中,削弱了鑄幣權的壟斷屬性,促進了央行與商業銀行的身分彌合於乾脆俐落的市場主體。但是,央行又是不以

理論思考：重新審視貨幣與經濟模式

營利為目的的公共組織，以公共利益為目的的權力干預反噬了自由利率和自由匯率。

原本，自由利率、自由匯率和商業銀行對貨幣總量進行了有效調節，但是央行鑄幣權的濫用隨時可能誤導和破壞市場。比如，2000年後，葛林斯潘長期將聯邦資金利率壓在2%以下，這扭曲了利率價格，誤導了商業銀行、投資銀行、投資者和中產家庭，最終導致次貸氾濫和衍生品膨脹。又如，金融危機後，全球主要國家央行大幅度壓低利率，實施量化寬鬆，甚至跳過商業銀行直接貸款給企業。此舉嚴重扭曲了市場利率，導致了信用資訊失真，阻斷了市場出清，破壞了競爭機制──價格獎勵與懲罰顛倒。另外，金融危機後，更多的國家回歸到有管制的匯率制度，匯率對鑄幣權的制約被削弱。

接下來，怎麼辦？

唯有更徹底的自由化才能瓦解現代銀行制度的頑疾，挽救《銀行特許狀法令》造成的歷史後果。海耶克曾說過貨幣是自由主義的最後一座堡壘，他在晚年也想通了，主張貨幣非國家化。海耶克曾問傅利曼，身為一名自由主義者，為什麼不支持將貨幣交給自由市場去配置呢？傅利曼沒有正面回答，只是說貨幣很重要。

自由貨幣讓鑄幣權回歸民間，讓貨幣在市場競爭中產生。它可能是金本位貨幣（私人銀行），也可能是官方發行的

自由競爭的貨幣（競爭性國有銀行），還可能是跨國界的有資產抵押的數位貨幣……總之，你我說了不算，取決於無數人無數次的邊際選擇。

自由貨幣可以終結中央銀行和商業銀行的百年分裂，化解中央銀行的身分衝突和商業銀行的跛腳難題。發幣銀行不再糾結，用心鑄幣，專心放貸，努力賺錢。當然，不能缺少監管，央行應化身為監管機構，嚴格監管，公平監管，科學化監管。同時，自由貨幣也不存在特里芬困境和金德伯格陷阱。

我們是要回歸到《銀行特許狀法令》之前的金本位時代嗎？要回歸到「野貓銀行」氾濫的美國自由銀行時代嗎？要進入信仰昭昭又鐮刀遍野的數位貨幣時代嗎？

我們唯一可靠和值得遵循的是邏輯，而非歷史與幻想。自由貨幣並非對市場的崇拜，而是對自然性的尊重。貨幣像語言一樣是自發自生秩序，是個人行使基本權利——生命權、財產權和交換自由的結果。

奧地利學派創始人門格爾（Carl Menger）是市場過程理論的創立者，海耶克繼承了其思想，用市場過程來解釋貨幣的起源。黃金並非天然是貨幣，它是人們經過千百年無數次交易大浪淘沙的產物。金本位貨幣的本質不是銀行券而是黃金。金本位貨幣是剛性兌付，剛性兌付之意是人們只認受自由價格硬性約束的黃金。1971年布列敦森林體系解體後，

不可剛性兌付的信用法定貨幣替代了金本位法定貨幣，人為製造的公債替代了自發自生的黃金。一些經濟學家懷念金本位，懷念的正是黃金這種自發自生秩序。當然，這一體系崩潰最大的好處是重啟了匯率自由化。

公債不也像黃金一樣受自由價格約束嗎？在匯率和利率自由化的國家，公債受利率市場的調節，政府不能隨意發行，央行也不能任意吸收公債發行貨幣。但是，央行是鑄幣權的壟斷者，還是公債的最大持有者，它可以利用鑄幣權改變公債價格，為政府提供融資。此舉在金融封閉國家更甚。

其實，「二戰」後70幾年，全球主要國家都在沿著自由化方向快速演進。國家經濟制度在經濟全球化中不斷對外讓渡以及按市場原則重塑。

參考文獻

[1] 威廉·格雷德。聯準會 [M]。耿丹，譯。北京：中國友誼出版社，2013。

[2] 保羅·沃克、克莉絲蒂娜·哈珀，堅定不移 [M]。徐忠，譯。北京：中信出版集團，2019。

學術視野：
張五常的改革思路與經濟研究

　　治學,「博學之,審問之,慎思之,明辨之,篤行之。」

　　觀大家治學,如晨鐘暮鼓、拂塵之音,往往雄渾悠遠、激盪人心。

　　相對其他學科的學者,經濟學家們往往更有趣、入世。他們關注一片麵包、一棵橘子樹的價格變動,也痴迷於絲絲入扣、一絲不苟的邏輯推演。

　　走近經濟學家,觸碰樂觀、理性的人生之光。

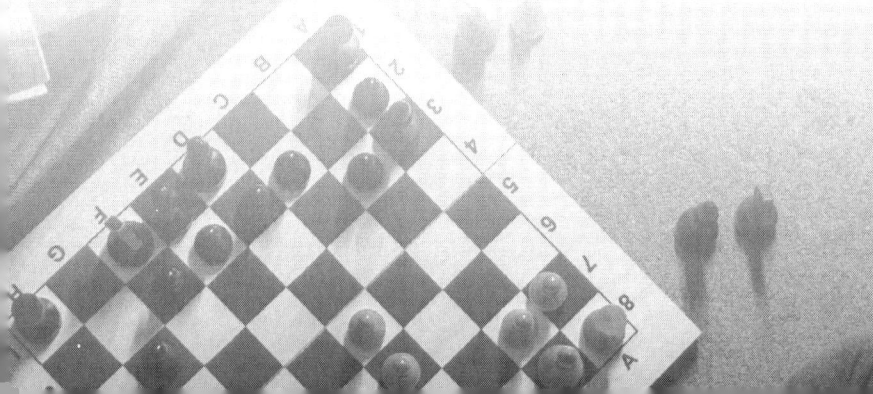

◆ 學術視野：張五常的改革思路與經濟研究

狂生張五常

「狂生」張五常，是張五常的公認名號。

張五常自小混跡於市井，年少時又在中國南部流亡，喜歡觀察人間多於鑽研功課。青年時代出國，張五常與美國經濟學大師「切磋」，思想天馬行空、不受約束讓他收穫脫俗見解。他就像一個「活化石」，讓中國能近距離看到芝加哥時代的「百花爭豔」，感受大師之風和自由之風。

與大師並行，張五常各種「天才」事蹟不絕於耳：

有人曾問斯蒂格勒（George Stigler）：數學對經濟學真有那麼重要嗎？斯蒂格勒回答：這是個愚蠢的問題！世界上不用數學還能站得住腳的經濟學家只有三個：寇斯、阿爾奇安（Armen Alchian）還有張五常。

然而，1980年歸國後，張五常的光環卻漸漸黯淡。

與傳統的大家不同，他從不掩飾自己的驕傲和得意，也從不怕說出異類言論。有人認為張五常回國是為了利益，有些「自毀招牌」。

然而，張五常是過癮的。1986年，在經濟學家楊小凱對張五常的訪問中，張五常這樣概括：「七年來，我從產權及交易成本角度來看中國的經濟改革，精彩之極，但可惜這一個『節目』的觀眾，似乎就只有我一個人。」

張五常介紹自己，除了學生和教授生涯之外，逃過荒，做過生意，賣過古董，辦過藝術展，打過官司，當過分析員。在眾多的經濟學家中，張五常是奇人。他的狂妄與真性情混為一體，至今仍然是經濟學海洋裡的一頑童，一狂生。

01 亂世奇才

1935 年，張五常在香港西灣河太富街 12 號二樓出生。除去隨母逃難桂林、在佛山念書的階段，他在香港的時光大多在西灣河一帶度過。

張五常出生時，父親開的電鍍店鋪正興旺，因而家境不錯。張五常的父親名張文來，年少從中國廣東到香港，當過童工、挑過石頭。他做電鍍學徒時，自學英文，翻譯了一本電鍍手冊，被同行們奉為「祖師爺」。後來，張文來自立門戶「文來行」，賣電鍍原料。

現如今，文來行已成為百年招牌。

張五常兄弟姐妹眾多，家宅位於香港西灣河對面的澳背龍村。張五常父母在澳背龍村的一個山頭上選好土地，建造新房。張五常回憶童年，年僅三歲的他被母親命令在院子裡監工，「三鏟沙要用一鏟水泥」。

六歲時，澳背龍村的溫馨童年戛然而止。1941 年，日軍轟炸了香港的啟德機場，戰火燒到了香港。張五常一家人商

量好,兵分兩路。母親帶著七個孩子一起逃至桂林,父親與剩餘的孩子留在香港經營生意、店鋪。逃難三年,小張五常見識了人間疾苦。

逃難雖苦,但學還是能上。張五常的三個姐姐念了桂林醫學院,張五常與他哥哥進入附設小學讀書。學堂中,雖有讀書的安穩,但是因飢病而潦倒的小同學也不少見。當時同齡小孩子的境況,張五常年久難忘。

1944年,日軍將要攻至桂林,桂林城防守司令相繼發出一號、二號疏散令。到9月,釋出三號強迫疏散令,要桂林所有居民三天內離開城市。學校裡人漸漸空去,年僅八歲的張五常也混跡在兵荒馬亂的流亡隊伍裡。他孤身一人,跟著火車逃回柳州。大亂之下,母子一行人歷經輾轉,最終在桂平會合,繼續找地方避難。

母親帶著七個孩子,一路行至廣西。張五常兄弟姊妹病著的休養,年長的姐姐們透過為村民修補衣服來換取食物。張五常揹著年幼的妹妹,在草叢田埂溪流之間盡可能尋找些吃的。在廣西這個遠離人煙的小村落裡,張五常每日在農田看農夫耕種,在曠野間奔走。日後他寫道,「二十二年後,在廣西所見的給我一項很大的回報。我在《佃農理論》中能清晰地解通中國農業運作的密碼,是因為對著那些密密麻麻的數據時,在我的腦海中,年幼時在廣西見到的農作景象一幅一幅地浮現。這也解釋了為什麼多年以來,我不認同經濟學者

頻頻用回歸統計來分析資料,因為我認為他們基本上不知道有關的產業或市場究竟是怎樣運作的。另一方面,如果從事研究的人清楚地知道一個行業的真實運作情況,要解釋或推斷,回歸統計這個法門的作用不大。」

1945年,戰亂結束,張母終於帶著七個孩子安然無恙抵達香港。

或許是天然個性,又或許是逃難這三年的經歷讓張五常習慣天馬行空、不拘約束。回歸正常的校園生活後,他卻常吃學校制式化教育的苦頭。「我喜歡來去自如,獨自思考,老師說的我不喜歡聽就魂遊四方。同學上課,我自己會跑到佛山田園呆坐到夕陽西下。(佛山)華英的日子吃不飽,衣服殘破,無錢理髮,提到張五常,老師與同學無不搖頭嘆息。」

17歲,張五常升至香港皇仁書院繼續念書,頑性不改。留級一年後再考試,主要科目作文離及格還差一分,最終被驅逐離校。離校後,張五常便在父親的店鋪打工。閒時,他混跡於街頭,結識了一群奇人異士,與他們談天說地。這群人都沒有受過高等教育,但是思維靈活,各有天賦,其中不乏後續在各領域大有可為的人。張五常自己也多才多藝,書法、攝影後來都取得了一些小成就。

童年,逃難,曠野生存,後又玩耍於市井之間,這一切讓張五常極為入世通達,以至於後來鑽研經濟學學問時,他

不滿足於僅僅在理論堆中尋找,而是總想要親自去實地,去找找看看。

張文來常年在外做生意,對張五常的照拂關心很少。張五常離校的這一年,父子二人對談變多。然而,同年張五常父親便因病去世。父親去世前,教導他,「我認為你是可造之才。你不喜歡讀書,做生意也罷。但別忘了,我對有學問的人五體投地。」

1957年,已經二十二歲的張五常離開香港,前往加拿大多倫多。這一趟出行是為著生意,但他也想「試試運氣」。到了多倫多才幾天的時間,張五常就決定留在這裡讀書。他花了兩年時間自修英語,二十四歲這一年考取了美國加州大學洛杉磯分校。從此,又展開了一段常人難遇的求學經歷。

張五常正好趕上了西方經濟學界百花齊放的新自由主義時代。

從學士到博士後,張五常遇見了近十位20世紀的大師,而他那突破常規、汪洋肆意的思維方式在自由學術上別開生面,也討得了眾多大師的歡喜。

02 大師派對

下定決心要讀書後,張五常在學術上一路向前。1959年拿到學士學位,1962年拿到碩士學位,1967年拿到博士學位。張五常後來也感嘆,像他這種「頑劣」之人在美國的教育

體系中反而如魚得水,其兒子、姪子亦如此。

大學階段,張五常選修科目多且雜,對歷史極感興趣。必修課程完成後,他又在旁聽課上花費心思,專挑功力精湛的教授去旁聽求教。

1962年,張五常已經拿到了碩士的學位,他慕名去旁聽了教授傑克・赫舒拉發(Jack Hirshleifer)的價格理論課程。赫舒拉發在這之前曾在哈佛、芝加哥大學教經濟學。在張五常的印象中,赫舒拉發是一個極為謙遜的老師。張五常思想靈活,在赫舒拉發的課堂上不停提問,有時課堂甚至演變成兩人的問答。兩年後,赫舒拉發發現張五常仍然在旁聽自己的課程,覺得很奇怪,而張五常答:你的理論我早就透過你的著作學會了,我旁聽只是為了學你的思考方式。

研究所畢業,張五常在學院裡已經出名,以能答疑難題、大膽活躍著稱。這時,教授阿門・阿爾奇安來到了該校。阿爾奇安在1950年發表了《不確定性、進化和經濟理論》(*Uncertainty, Evolution and Economic Theory*),享譽學界,也是現代產權經濟學的創始人。張五常曾為阿爾奇安感到可惜,因為阿爾奇安有關產權的大多數理論都是課堂口述,而未成書立著。

早前,阿爾奇安就因授課時天馬行空、不受拘束在同學中小有名氣,十分吸引張五常。況且,阿爾奇安在價格理論上的功力也被多位老師肯定。張五常一直認為價格理論是經

濟學的基礎,想要通透掌握,也極為深難。因此,「凡有高手講價格理論,定不會放過」。

不過,阿爾奇安在課堂上並不討論難題,反而常常丟擲一些最淺顯和簡單的問題。第一節課上,阿爾奇安拋下一個問題:「假設你在一個有很多石頭但是沒有量度工具的海灘上,你怎樣才能知道某一塊石頭的重量?」同學們一個個回答,阿爾奇安都沒有做出回應。接連幾堂課,阿爾奇安一直沒給出答案,任憑學生自說自話。

直到第五個星期,阿爾奇安進教室後,便問道:你們明白了嗎?

學生問:明白什麼?阿爾奇安說:量度石頭重量的困難。隨後阿爾奇安滔滔不絕闡述了量度與推斷的關係、客觀與價值觀的區別,令張五常印象深刻。第二個學期,阿爾奇安又以一個問題「什麼是貨幣」開題,讓同學們盡情討論這一問題的答案。張五常旁聽了阿爾奇安教授六個學期的課程。到了第三個學期,才慢慢領悟。此後,能聽盡聽。

受阿爾奇安的影響,張五常反覆思考最淺顯的答案和現象。而每次向老師提問前,張五常都徹夜在圖書館翻閱資料,這樣才能與阿爾奇安交鋒幾次。時間久了,阿爾奇安才允許張五常去他的辦公室問問題,學生中有如此待遇的也僅有張五常一人。

1964 年,張五常開始為博士論文做準備。好幾個選題

都無法成型，他索性拋開論文去玩攝影達六個月。1966年初，張五常在長灘大學任教，他偶然在圖書館裡發現了全套的《臺灣農業年鑑》。土改後，政府對地主分成給予上限約束，而在這種管制下，農業的產量竟然大幅上升。這引起了張五常的好奇。他發現這本年鑑資料詳盡，並無異常。後來他一鼓作氣，花了幾天時間做了理論上的推演，成功建立理論模型。如張五常所說，「理論這回事，要不是想不出來，就是靈機一動，三幾天就可鳴金收兵。」隨後他又花了四個月的時間，用數據計算的方式多重驗證自己的結論，發現一一對應。

11月，張五常將11頁論文初稿寄給了加州大學的教授們審核。

論文初稿研討會召開那天，張五常驅車前往，十多位教授參加了討論會，赫舒拉發、阿爾奇安均在列。然而，張五常的論文結論引發了現場多位教授的爭議。讀到第一頁，許多教授就認為張五常的結論大錯特錯，開始爭論。第二頁的闡釋又花了三個小時，張五常每一句闡釋都遭到導師們的輪番提問。如此，從下午五點到晚上十一點，爭論不休，沒有結果。

回程路上，張五常心灰意冷，打電話詢問赫舒拉發是否需要放棄題目，但卻得到赫舒拉發的高度讚揚。一個月後，阿爾奇安打來電話，告訴張五常可以開始撰寫論文。

◆ 學術視野：張五常的改革思路與經濟研究

　　張五常用了 8 個月時間就完成了論文，兩位導師也先後為張五常的初稿進行校正，阿爾奇安更是逐字逐句修改，首版批改得面目全非。張五常最初拿到手時都快哭了，回家後對著修改一處一處消化，「越看越心驚，越看越佩服」，不知不覺一夜過去。在大師指導下寫論文，讓張五常受益無窮。他說，從此他懂得了如何寫「明朗的文章」。學術作文切忌舞文弄墨、模稜兩可，概念要清晰，思維要連貫。這樣的信條張五常謹記一生。

　　張五常的這篇畢業論文《佃農理論 —— 引證於臺灣的土地改革》，後來成為了現代合約經濟學的開山之作。佃農理論有兩個前提：第一，市場是充分競爭的，因而存在一個市場薪酬，所有的農戶和地主可以相互選擇；第二，農戶可以與地主協商分成的比例。

　　在這種情況下，張五常用臺灣的農業年鑑資料論證出，無論採取定額還是按比例分成的合約模式，最終土地的效率不受影響，地主和農戶的收入也都不受影響。

　　其實，《佃農理論》是透過對不同的合約收入進行理論推演和資料論證，從而再次驗證了寇斯曾在 1960 年發表的《社會成本問題》(*The Problem of Social Cost*) 中提出的理論。這篇論文源於寇斯當時所在的芝加哥大學流派與古典經濟學派發生的一場大型辯論，原本是為了闡述外部性問題，但現在成為了現代產權理論的代表作。這一理論被命名為「寇斯定

理」，可以解釋為：在產權明確且交易成本為零的前提下，無論產權歸誰所有，都不影響最終的效率分成。除此之外，佃農理論的研究還引出了幾個重要的命題研究，後來張五常就外部性、私產分別著作。

《佃農理論》在當時便得到了諸多經濟學大師的首肯，芝加哥大學只看到了第一章便決定發放博士後的獎學金給張五常，並給予他為期一年的研究員職位邀請函。論文的理論部分〈私有財產權與佃農制度〉也被發表在芝加哥大學的《政治經濟學報》上。其實，傅利曼早先就在一次研討會上注意到了張五常，也曾向經濟學系推薦過張五常。就這樣，1967年，張五常來到了芝加哥大學。

可以說，這是芝大經濟學的黃金時代。張五常遇到的同僚裡後來獲得諾貝爾獎的人就有六個。而且，芝大的學風活躍，討論會和宴席日日不停，張五常可與這些經濟學大師們比肩暢聊。張五常的辦公室就被安排在傅利曼辦公室隔壁，兩人均是思維敏捷之人，上下班路上暢聊經濟學問題，結下了深厚友誼。後來，張五常的婚禮交給了傅利曼主持；傅利曼到訪中國，也是張五常一路安排。

聊張五常的芝大時代，不能落下寇斯。兩人一見如故。張五常這樣描述兩人的相識場景：

我對寇斯自我介紹說：我花了三年工夫讀你的《社會成本問題》(*The Problem of Social Cost*)。寇斯問：你認為我那文

◆ 學術視野：張五常的改革思路與經濟研究

章是說什麼的呢？我回答：是說合約的局限條件。他站起來，說：到底有人明白我了！漸漸，張五常發覺，寇斯的思維與自己最像，不用數學，不談邏輯，尤其是在實證研究上兩人秉持相同的態度。與寇斯一起，張五常在合約、產權及交易成本上的研究日益精進。

1937 年，寇斯發表了《公司的本質》(The Nature of the Firm)，當中提出了「交易成本」這一概念。如果按照結論，既然幾種合約有相同的效果，那麼市場為什麼會選擇不同的合約？張五常經由佃農理論衍生出來的疑惑，從寇斯的「交易成本」中獲得了靈感。「我恍然大悟，突然意識到寇斯的公司文章也是在講合約的問題」。合約，是約束競爭的制度。而在現實世界中，約束競爭也有成本，那就是制度成本。

在芝加哥大學不足兩年，張五常接到了華盛頓大學的聘請，這是一份終身僱傭邀約，而且給的薪資更高。張五常本就覺得芝加哥大學太過熱鬧，更願尋一個清淨的地方在思想世界裡獨處。1969 年，張五常前往西雅圖任職。這裡也有他在香港愛看的海景。

03 狂生歸來

1979 年，柴契爾夫人 (Margaret Thatcher) 辦公室向張五常發出約稿，詢問他中國的經濟走向。

張五常同年剛好訪問廣州，結合在中國的見聞，做好理

論建構，最終完成一篇文章。張五常當時的結論是：「中國將來所採用的產權結構必然與私有產權結構極其相似。」

這個結論不是無中生有，也不是根據見聞預料，仍然基於理論上的推演：制度是界定產權結構的法律和規條，人們根據制度來競爭交往，制度約定了人與人競爭交往的局限條件和規則；而私有產權與公共產權就是兩種不同的制度。現實中，制度的執行和選擇都是有交易成本的。遵循局限下取利這一經濟學的基本假設，社會會選擇一個交易成本低的制度。要解釋制度選擇，就需要證明在有限條件下，這種制度的交易成本是最少的。「同樣，倘若知道局限條件發生了改變，我們就可推測制度的轉變。」

1980年，美國經濟學會上，寇斯約見張五常。他簡要說：「聽說中國有可能改革，你要回到中國去。經濟制度的運作你可能比任何人知得多，又懂中文。他們不改，無話可說，但如果真的要改你回到中國的貢獻會比留在美國的大。」

寇斯的囑咐張五常沒有回應，但是卻記在心上。幾個月後，張五常被告知港大經濟學有特聘教授的空缺，寇斯也催促他接受邀請。

就這樣，張五常在這個激盪的十字路口返回了中國。從此，他開始跟進中國改革。

回國後，張五常開始用中文寫作。第一篇中文文章〈千規律，萬規律，經濟規律僅一條〉是張五常口述，朋友執筆

完成。他在文章中指出,只有價格機制才不會導致租值消散;而價格體制只有在私有產權下才有實現的可能。這篇文章正迎上了經濟改革的命門,唱響時代的回音。隨後,張五常頻繁發文。1984年,他寫下〈賣桔者言〉,1985年寫下〈中國的前途〉,1987年寫下〈再論中國〉。這些文章語言直接,風格犀利,有些時時跟進時事,引發了許多關注和爭議。

其實,回國前後,張五常花了一番心思:如何才能讓中國決策層接受他帶回來的市場理論?

最終,張五常選擇了寇斯這張牌。況且,他認為中國要做經濟制度的改革,產權和交易成本是最佳視角。對於這個他與寇斯鑽研多年的領域來說,也正逢其時。

張五常選寇斯的理論,不強調私有產權的優越或重要,而是從權利界定的角度看私產。1970年,張五常就在一篇文章中提出,私產的界定在於使用權、自由轉讓權、收入享受權,而無關乎所有權。80年代前後,在求賢若渴、急於改革的路口,張五常多次被地方官員請來討教答疑。他同樣將這一理論解釋給重要人物們。

1985年,張五常寫道:中國的體制改革到了比較困難的境地,若要繼續改進,震撼性的決策措施是必須的。有關解除外匯管制、解散公務員、國營企業改民有、土地出售等改革政策,他大膽諫言。

就土地改革這一項,1985年,張五常被邀請至北京做研

究。張五常大膽提出，所有權並不重要，建議將所有權和使用權分離，所有權歸國有或公有，而使用權可轉讓給私人，在市場上流通。作為改革開放的領頭羊，深圳政府的步伐更為大膽。1986年春天，深圳政府邀請張五常研討出讓土地的可能性，張五常提出：土地的公有權不變，而使用權、收入權及轉讓權可界定為私有，同時要明確界定使用權的範圍。1986年6月，張五常發表文章〈出售土地一舉三得〉。

而張五常也沒料到，次年冬天，深圳展開了全國第一塊土地舉行「公開競投」的嘗試。當時，甚至有人去香港大學找到張五常，問他哪裡可以借得一個拍賣時用的木槌。最終，一間房地產集團拿下了中國首次公開拍賣國有土地的使用權並開始建房。新房發售後，不到一小時就賣完了，房地產公司淨賺近400萬元人民幣。後來，這個記錄時代的木槌也被收藏於當地博物館中。

回到中國後的角色轉變，於張五常而言，似乎沒那麼重要。他對於自己的定位從來都沒變：「可以這樣說，當1982年回港工作時，關於制度運作的知識，如果北京的朋友需要，我是個可以替他們打通經脈的人。但我不是個改革者，不認為自己可以改進世界。另一方面，覺得有責任為中國的青年做些什麼。後來以淺白的語言解釋制度運作，我的立場是既不領功，也不勉強。只希望很多很多的文字解釋放了出去，北京的朋友會考慮，會選擇。」

◆ 學術視野：張五常的改革思路與經濟研究

04 張公賣桔

2000 年初，有關張五常的批評和爭議達到了高峰。

追求現實、勇於說話為張五常帶來了許多曝光度，中國媒體一度將他奉為「華人經濟學家之首」，但他也遭到中國學者批判。經濟學理論掌握通透後，張五常喜歡用最簡單、最本質的話解釋清楚。他寫作了一系列暢銷散文，在網路上流傳甚廣。張五常那一頭飛舞的白色捲髮、古銅色皮膚的標識性長相常見於中國各入口網站首頁。面對高深莫測的經濟學，張五常是一批青年的領路人，因其清楚明白而受歡迎。然而，這些成果往往會被主流經濟學界看輕。

另外，張五常之個性，不好掩飾，與自省內斂的中國儒家知識分子形象完全不同。在一連串的短文中，張五常暢意所言，不懼一些觀點令人驚掉下巴。譬如他提出中國不需要最低薪資保障，以及反對新勞動法的言論，都惹來許多批評。

常在公共話語中出現的人物，真性情招惹爭議實屬正常。然而在時代潮流略微尖銳時，出格的觀點便成了標靶。

2004 年，中國有 11 位大學教授聯名批判張五常，矛頭指向張五常提出的「私有產權」、「國有企業民營化」的改革。

當張五常決意回到中國跟進中國改革後，這幾乎無可避免。況且，狂生之所以是狂生，是因為他本身就不看重這些言論攻擊，「我的文章寫出來就是任你評的，對我人身攻擊沒

有意思。你說我不行，我不行也無所謂。你要比我厲害很容易，你拿篇文章給我看看。」

在張五常的內心，經濟學成就的評估不能更原始：「做學問這個工作，論成敗，沒有什麼能比得上一篇重要文章。」文章是理論成果的精華，也是可經受實踐、時間考驗的呈現。

張五常長期堅持的一個信條是：能夠用切實可行的、最簡單和本質的原理解釋現實現象是重要的。這一點，也貫徹於他的經濟學研究之中。張五常在學術研究上大力推崇和踐行實證主義研究方法論。寇斯曾對他的助手說，經濟學裡做實證研究的，沒有人能超越張五常。張五常自我評價：「身為一個研究價格理論的人，對實證工作好之成癖。」

的確，張五常的學術文章中頻繁見到各樣的實證樣本，他寫《蜜蜂的神話》時，三番五次前往農場，自己快成了養蜂專家。研究價格分歧，他帶學生在除夕夜街頭賣橘子，最終發表了《賣桔者言》，流傳甚廣。寫論文，張五常亦不喜用數學，或者統計資料，「喜歡在街頭巷尾跑，對古靈精怪的小現象筆下留神」。

張五常也堅信，經濟學解釋世界的正確性不亞於自然科學。

「只可惜經濟學沒有人造的實驗室，局限的存在及轉變只能由經濟學者到真實世界考查，不能在實驗室內隨意調校儀器。」

◆ 學術視野：張五常的改革思路與經濟研究

而局限條件的尋找，包括如何將理論中的局限條件轉換為現實可觀察的變數指標，正是考驗當今經濟學家功力的地方。張五常感嘆如今的經濟學研究走下坡路：當今經濟學者因為在「局限」上不下功夫，經濟學在現實世界的研究難以為繼，只能轉而編織新的概念。

無論是抱著同胞情懷還是走近時代劇變的心態，張五常在跟進中國改革這條線上做了許多事，中國恰似新制度經濟學的試驗場，張五常過足癮的同時也不負當時的老師、摯友寇斯的期待。

2008 年，為答謝寇斯舉行的中國改革問題研討會，張五常撰寫〈中國的經濟制度〉一文，給出了「中國模式」高成長的原因：縣域競爭。張五常的縣域競爭理論認為，縣與縣之間的地方政府相互競爭，是中國過去幾十年高速發展最重要的原因。這一觀點也是基於合約理論的演化得出的，地方政府與中央政府之間達成的是一種分紅合約，明確產權後，地方政府之間會自發競爭。這一觀點影響力很大，後來引起了許多經濟學家的回應。

除此之外，寇斯與張五常共同期待的就是能夠在新制度經濟學上再度出力，革新經濟學的模樣。晚年，張五常出版了《經濟解釋》一書，將通透的解釋與精湛的功力相結合。至今，張五常已經八十六歲高齡，仍然筆耕不輟。COVID-19 疫情發生後，遙居一島的這位老人仍然時時關心中國發生的

事情，他寫下對中國經濟的七點建議。2021 年 6 ～ 7 月，他還就中國的大學體制發文，筆鋒清楚通透，保持著一貫風格。

如果要探尋張五常對今日中國的意義，可能還得回到產權與合約思想中。他的《賣桔者言》中有這麼一段話：「中國在魚塘養魚的悠久歷史，證明了中國在地產上私產制度的施行，要比歐美早得多 —— 中國在唐、宋期間的富庶，可不是僥倖的。以天然環境而論，魚塘養魚的條件怎可能及得上大湖？私產保障的需要很顯然將魚從湖裡帶到塘中。」

狂生五常，一個有趣的靈魂！

參考文獻

[1] 張五常。五常學經濟 [M]。北京：中信出版社，2017。

[2] 張五常。經濟解釋 [M]。北京：中信出版社，2015。

[3] 張五常。賣桔者言 [M]。成都：四川人民出版社，1998。

國家圖書館出版品預行編目資料

全球經濟紅色警報！危機、政策與全球化的新平衡：解讀雙核衝擊下的危與機，為全球化時代尋求經濟新方向 / 智本社 著. -- 第一版. -- 臺北市：財經錢線文化事業有限公司, 2025.02
面； 公分
POD 版
ISBN 978-626-408-155-9(平裝)
1.CST: 國際經濟 2.CST: 經濟發展
552.1　　　　　　　　114000529

電子書購買

爽讀 APP

臉書

全球經濟紅色警報！危機、政策與全球化的新平衡：解讀雙核衝擊下的危與機，為全球化時代尋求經濟新方向

作　　　者：智本社
發　行　人：黃振庭
出　版　者：財經錢線文化事業有限公司
發　行　者：崧燁文化事業有限公司
E-mail：sonbookservice@gmail.com
粉　絲　頁：https://www.facebook.com/sonbookss/
網　　　址：https://sonbook.net/
地　　　址：台北市中正區重慶南路一段 61 號 8 樓
8F., No.61, Sec. 1, Chongqing S. Rd., Zhongzheng Dist., Taipei City 100, Taiwan
電　　　話：(02) 2370-3310　傳　真：(02) 2388-1990
印　　　刷：京峯數位服務有限公司
律師顧問：廣華律師事務所 張珮琦律師

-版權聲明-
本書版權為中國經濟出版社所有授權財經錢線文化事業有限公司獨家發行電子書及繁體書繁體字版。若有其他相關權利及授權需求請與本公司聯繫。
未經書面許可，不得複製、發行。

定　　　價：375 元
發行日期：2025 年 02 月第一版
◎本書以 POD 印製

Design Assets from Freepik.com